HISTOIRE DE LA GLORIEVSE MORT DE VINGTSIX CHRESTIENS

qui ont esté crucifiez par le commandement du Roy de Iappon.

Dont y en auoit six Religieux de S. François, trois Iesuistes, & dixsept Chrestiens natifs du Royaume de Iappon.

Enuoyee le xv. de Mars, par le P. Loys Frois à R. P. Claude de Aquauiua general des Iesuistes.

Traduit d'Italien en François.

A ROVEN,

Chez THEODORE REINSART, pres le Palais, à l'Homme Armé.

M. VI C.

A MADAMOI-

SELLE MADAMOI-
selle de Grizy ma
Niepce.

MA Niepce, l'vn de mes amis m'a enuoyé de Rome, le traicté de quelques Chrestiens, lesquels pour la foy de nostre Seigneur Iesus Christ ont esté crucifiez en Iappon. Et d'autant qu'il estoit en Italien i'ay employé deux ou trois iours à l'apresdisnée durant les Rogations à le mettre en François, desirant de vous le faire voir. Car bien que ce pays là soit esloigné de nostre climat de plus de quatre mil liciës, si est-ce que ie sçay que faisant profession de la mesme foy qui nous est commune & Catholique en le lisant, vous compatirez à leur dou-

A ij

leur, & participerez en leur contentement, & trouuerez que l'histoire des
martyrs de la primitiue Eglise, est digne-
ment representée, ou pour mieux dire re-
nouuellee en ce discours, que vous receue-
rez pour tesmoignage de l'alliance &
amitié iurée de feuë Madame d'Ouilly vostre mere vous & nous.

A tant ma Niepce ie supplieray le Createur vous auoir en sa saincte garde. De
Martimbosc, ce 14. May 1600.

Vostre oncle tref-asseuré à vous
seruir, I. de Malfillastre,
Viconte de Fallaise.

DE L'ESTAT AV-
QVEL ESTOIENT LES

*Chrestiens du Iappon auant
ceste persecution, & des
occasions dont elle print
son origine.*

CHAPITRE PREMIER.

POVR mieux entendre le commencement & le subiet d'ou proceda la nouuelle persecution. Il faut sçauoir que quand Taicosama (il y a maintenát dix ans) nous bannit de son Royaume, à cause que nous preschions l'Euangile, & commanda sur peine de la vie que partissions du Iappon; Il fut resolu du Pere Prouincial auec l'aduis des

autres Peres, que ne nous estant possible en tels temps abandonner les
Chrestiens, aucun ne vuideroit le
Royaume. Mais pour en partie ceder
à la colere du Roy, & faire demonstration que lon faisoit estat de ses
ordonnances, afin aussi d'esquiuer le
mal qui en pourroit aduenir aux Seigneurs qui nous auoient receuz dans
leurs terres, fut arresté, que nous n'i-
rions point auec nos soustannes &
manteaux, ains auec longues robbes
à l'vsage des Iapponnois, quand selon leur mode ils renoncent au monde, & qu'ainsi deguisez nous enten-
drions comme deuant à instruire les
Chrestiens, & à ce moyen, quand le
Roy auroit esté aduerty que fussions
demeurez en Iappon parauanture
l'auroit-il dissimulé, voyât que nous
portions respect à son commandement. Cela fut encor la cause pour
laquelle apres ceste publication fis-
mes bastir en Meaco vne residence
pour nous, & vne autre en Ozaca,
esquelles y auoit quatre Peres & six

de nos freres : Nous ny fiſmes point
faire d'Egliſes publiques , mais Cha-
pelles au derriere pour dire la Meſſe
& adminiſtrer les ſain&ts Sacremens,
& vne ſalle au deuant pour deuiſer
& traicter auec les perſonnes : Auec
ceſte moderation & ſubtilité,& auec
le bruit commun d'eſtre cachez,
nous nous ſommes maintenus iuſques à maintenant : & pendant ce
temps de dix ans s'eſt tellement mul-
tiplié le nombre des fidelles,que plus
de ſoixante cinq mil perſonnes comme il s'eſt peu recueillir des lettres
qu'on a enuoyees) ont receu le ſaint
Bapteſme , ſans conter les petits enfans des Chreſtiens qui ont eſté baptiſez. Neantmoins le Roy ſçauoit
fort bien que nous eſtions tous en
Iappon,mais il ſe contentoit de nous
voir ainſi retirez, n'ayant la hardieſſe
de nous monſtrer infra&teurs de ſes
commandemens. Dauantage il y a
viron quatre ans, que voyant le grád
profit qu'apportoità ſon eſtat la flote des Portugais qui vient tous les ans
A iiij

de la Chine: & que les Peres peuuent
beaucoup auec eux, comme ceux
qui les prefchent & gouuernét leurs
actions, & finablement qui font caufe que le commerfe fe maintient en
toute douceur entre eux & les Iapponnois: il confirma la permiffion
que deux ans auparauant à la reque-
fte du P. vifitateur il auoit octroyee,
de pouuoir demeurer dix Peres en
Nangafachi, feulement pour l'occafion de la flote, adiouftát de nouueau
qu'ils peuffent rebaftir l'Eglife que
luy mefme vn an deuant auoit fait
abbatre, ayant en outre permis comme par ligne de reconciliation auec
nos autres, qu'vn de nos Peres l'allaft
voir lequel il reçeut honorablement.
En contant donc les dix qui eurent
congé de fe tenir en Nangafachi,
nous eftions en Iappon cent trente
quatre de la compagnie, auec repos
tel, quel: apres auoir couru par beaucoup de Prouinces d'iceluy, femé la
parolle de Dieu, & par noftre mini-
ftere donné aide aux Chreftiens,

moderans nos actions selon que le
temps le permettoit : ayant nos supe-
rieurs plus le cœur tendu à la conseruation de ceste Eglise plantee auec si
grand' peine, & entretenue auec tant
de difficulté qu'a vne affection parti-
culiere que nous eussions peu sentir
de respandre nostre sang pour l'honneur de Dieu. Et qu'en fin il estoit
moins difficille offrant sa gorge au
cousteau de mourir vne fois, que
mourir tous les iours auec tant de
trauaux pour maintenir & accroistre
l'hóneur des Chrestiés, quád de Manile l'vne des principalles citez des
Philipines arriuerent quatre Peres
Cordeliers appellez Scalzes, c'est à
dire deschauslez qui furent enuoyez
du gouuerneur de ses Isles au Roy
du Iappon en tiltre d'Ambassadeurs.
Ces Peres Cordeliers furent receuz
du Roy auec l'accueil qui appartient
aux Ambassadeurs. En fin il leur dist
qu'ils se retirassent, par ce qu'il ne
vouloit pas que dans ses pays nostre
loy s'augmentast dauátage, que pour

ceste occasion il auoit banny les Ie-
suittes, reserué qu'en consideration
de la flote de la Chine il auoit permis à quelque petit nombre d'entre
eux de demeurer en Nangasachi.
Surquoy estant prié desdits Peres
Cordeliers, que aumoins il luy pleust
leur donner congé comme à estran-
gers de visiter les grandeurs & ma-
gnificences de Meaco, afin qu'estant
de retour en leur pays, ils en peussent
discourir auec leurs familiers. Taicosama, comme plein de vanité respondit qu'il en estoit bien content, & encor qu'il vouloit les faire deffrayer de
leurs personnes. Auec ce congé ils
s'acheminerent vers Meaco, où durant quelque mois ils s'entretindrent
en la maison d'vn cheualier Payen,
lequel & vn sien amy leur portoyent
faueur estans eux deux causes de les
auoir fait venir en Iappon. En ceste
mode ayant passé vn temps, à raison
que les Peres receuoyent beaucoup
d'ennuy pour l'incommodité du logis, ils demanderent dauantage d'es-

pace, afin d'y conftruire vne maifon,
on leur donna lors vn lieu plus com-
mode à la charge toutesfois qu'ils ne
prefcheroyent point le faint Euangile. Nonobftant peu de temps apres
auec l'aide de quelques Chreftiés ils
prindrent la hardieffe de baftir vne
Eglife, & de ce faire ne peurent eftre
retenus (leur femblát qu'ils faifoient
feruice plus agreable à Dieu) par le
cófeil de leurs amis, lefquels voyoiét
bien que les bons Peres n'auoyent
permiffion de baftir l'Eglife & qu'e-
ftant chofe fuffifante de baftir vne
chappelle en leur fecret, s'ils faifoient
autrement ce ne feroit qu'iriter Tai-
cofáma quand on luy en auroit fait
rapport: cela fait, ils cómencerét d'a-
bondát à prefcher publiquemét, tout
ainfi que s'ils en euffét eu pleine puiffance, efmeu du zele & affection de
feruir cès pauures ames efchauffees
peut eftre de l'exemple de cinq Peres
faincts de mefme ordre, lefquels auec
vne conftance indicible auoyent
foufert le martyre de la propre main

de Miramolin Roy de Maroque
en Afrique pour prefcher la verité
de Iefus Chrift y auoit quelque téps.
Mais les Iefuiftes & les autres Chreftiens voiant qu'en ce faifant ils mettoient non feulement nos perfonnes
mais la focieté & les autres Chreftiens en grand danger& que c'eftoit
vouloir rifquer en vn moment ce
qu'en tant d'annees & auec tant de
trauaux on auoit gaigné: ils remon-
trerent aufdits Cordeliers(comme ils
y eftoiét obligez par la charité) qu'il
confideraffent s'il eftoit conuenable
en telle faifon que la deffence faite
par le Roy duroit, prefcher ainfi ouuertement ores que ce feuft pour le
defir d'endurer le martyre: & eftre
occafion que Taicofama renouuelaft
vne nouuelle perfecution contre les
Chreftiens de Meaco, lefquels de
vray eftoient en bon nombre & de
bon lieu,mais encor nouueaux: Ce
qui arriueroit infalliblemét s'il eftoit
aduerty qu'on n'obeiffoit en façon
du monde à fes Edits. Le mefme leur

fut dit par ces deux cheualiers qui
les auoient conduit de Manile y allant de leur interest, afin que cela ne
feust vne occasion de leur faire tran-
cher la teste, les ayant amenez dans
son royaume. D'auantage les principaux Seigneurs mesmes les gouuerneurs de la Court nous donnoient le
mesme aduis par ce que, comme di-
soyét iceux Seigneurs, se gouuerner
de ceste façon c'estoit vne chose extraordinaire & innusitée au Iappon,
Le suiect de ceste rumeur ne s'acreut
pas peu de la feruente commercion
de toutes sortes de personnes que les
nostres catechisoient & baptisoient
en Meaco dont les gouuerneurs
s'aperceuoient fort bien: Mais voyát
d'autrepart le respect que nous portions au magistrat seculier ils fer-
moient les yeux, se rememorisans
quelquefois fort benignement comme nous estions retenus & modestes
en la maniere de faire & former les
Chrestiens.

Voyla la premiere occasion de ce-

B

ste tempeste, la seconde ne fut pas
moindre que la premiere, & proceda
d'vn medecin du Roy nommé Iacquin grand Epicurien, ennemy capi-
tal des loix diuines & humaines,
principallement de celles qui repri-
ment le plus rigoureusement les sens
& la chair. Le diable donc choisit
cest homme pour instrument de toute ceste nouuelle persecution, comme
ià dix ans auparauant il en auoit
occasionné vn autre, n'ayant iamais
laissé eschaper occasion aucune ou il
peust maschiner mal ou ruyne aux
nostres, & au christianisme. Ceste
meschante volonté fut enhardie par
la faueur du Roy, prés duquel il auoit
grand credit, estant d'autrepart homme de grands moiens qu'il auoit
amassés d'infinis dons & presens que
on luy faisoit sans cesse. Ceste haine
estant nourrie deialousie d'vne secte
dont il faisoit profession, encor que
ce fust auec feinte, par ce qu'il auoit
esté autrefois Bonzo, qui est vne
espece comme de Prestres ou Sacri-

ficateurs entre les Iapponnois , de
sorte qu'il auoit à dessein de depen-
dre vne grand partie de son bié pour
rebastir vn lieu appellé Figenoiama
destruit de Nobunanga , distant de
Meaco de saize mil , où ancienne-
ment y auoit grád nombre de Tem-
ples & de Bonzes, & par cela faisant
bastir nouueaux edifices au diable,&
craignant que par l'auancement de
l'Euangile les bourdes des sectes Iap-
pónoises ne s'esuanoüissent & fussent
conuaincus de la verité : ceste extresme haine qu'il nous portoit s'enraci-
na si auant en son cœur. Or les Cordeliers procedans d'vn costé au descouuert comme nous auons dit, d'autrepart plusieurs receuans le sainct
Baptesme des nostres, & generallement y ayant vne disposition dans le
peuple à la sainte foy, Iacquin induist
de celuy qui porte enuie à tout nostre
bien ne peut plus porter le venin qui
luy rongeoit le cœur : & ne perdant
l'occasion qu'il auoit tant souhaitée
accusa les Chrestiens au Roy qui ne

B ij

fut pas de petite conſequence.

La troiſieſme occaſion fut celle qui enſuit , l'annee paſſee que lon contoit 1596. au Royaume de Tozza l'vne des trois Iſles plus grandes du Iappon, ou encor la parolle de Dieu n'eſt point paruenue, arriua vn naui-re qui alloit des Philipines à la nou-uelle Eſpagne ou à Mexicque , com-me nous parlons, laquelle battue fu-rieuſement de la fortune ſans maſt & ſans timon eſtoit preſque toute rom-puë. A peine eſtoit elle arriuee, que le Seigneur du lieu en donna aduis à Taicoſama , luy faiſant entendre quelle eſtoit pleine de marchandiſes & de richeſſes. Le Roy ne laiſſa eſ-chapper de ſes griffes vne ſi bonne proye:car à l'inſtant il enuoya vn des quatre principaux gouuerneurs de ſa Cour appeꝉ Gemonogio pour re-cognoiſtre ce nauire, & ſouz le nom de la chambre Royalle ſe ſaiſir de toutes les richeſſes,eſtant vne couſtu-me des Iappons que les vaiſſeaux qui donnent au trauers de la riue demeu-

rent en la puiſſance de celuy qui eſt
Seigneur du lieu. Gemonogio y alla
& executa en Tozza ce qu'on luy a-
uoit donné en charge, & auec le bu-
tin retourna à Taicoſama au meſme
temps que Iacquin venoit de para-
cheuer ce mauuais office contre le
nom Chreſtien. De ſorte que ſurue-
nant d'abondant cet autre miniſtre
d'iniquité auec accumulation de
nouuelles deffiances, & luy donnant
des fauſſetez à entendre touchant
ceux qui eſtoient dans la nauire, &
nommément que dans icelle y auoit
des Religieux, leſquels ſouz pretexte
de preſcher leur loy eſtoient eſpies
des Princes Chreſtiens, donna la derniere trempe à la volonté du Roy, ià
aſſez preparee pour deſcharger toute
ſa rage ſur les fidelles de Ieſus Chriſt.
Mais voyant ce Pere Celeſte (comme
benin protecteur des affligez pour
ſon nom & ſecourable en tout be-
ſoin) l'apparence de la perſecution
qui eſtoit preſte d'arriuer auec ſa diuine prouidence dont il diſpoſe dou-

B iij

cement des chofes, ordonna que l'E-
uefque du Iappon allaft en ces iours
à Meaco, afin que de fa prefence il
confolaft cefte Eglife, & auec le faint
Sacrement du Crefme, il la corro-
boraft contre tous les affauts des ennemis. A la verité il fe vit fenfible-
ment vne nouuelle force dans la poi-
ctrine des Chreftiens, & vne viue ar-
deur de la foy, côme dans le difcours
de cefte hiftoire il fe declarera, & telle & fi grande fut la deuotion des fidelles à receuoir ce S. Sacrement de
Confirmation, que ny de iour ny de
nuict ce bon Prelat n'auoit loifir de
repofer (arriuant pour ce fubiect
grand nombre de perfonnes de di-
uers pays & lieux fort efloignez) &
ne feruirent de rien les aduis qu'on
donnoit pour les reprimer, à ce qu'ils
n'euffent affaire aucune rumeur dont
le Roy ou ceux qui eftoient autour
de luy peuffent auoir apperceuance,
& par cela l'Euefque fut contraint de
fe retirer incontinent de la Cour;
mais cefte ferueur du peuple ne peut

eſtre ſi ſecrette que le Medecin n'en
euſt le ſentiment, ſi que cela luy ap-
preſta matiere de faire plus grandes
huées auec Taicoſama.

Voila les trois principaux poincts
ſur leſquels la preſente tribulation
prenant ſon origine, finablemét vint
à ſon Temple le viij. de Decembre
en Meaco, comme nous dirons au
chapitre ſuyuant, dont la nouuelle
ne vint point en Nangaſachi iuſques
au xxvj. dudit mois, qui eſtoit le iour
S. Iean, & la premiere nouuelle qui
en arriua fut par lettres d'aucuns
marchans payens de Sacai, leſquels
manderét à leurs facteurs qui eſtoiét
en ce haure qu'ils s'auançaſſent d'a-
cheter la marchandiſe qui eſtoit dans
la flote de la Chine, par ce qu'il y
auoit grand apparence que l'an ſuyuant elle ne reuiendroit point pour
le grand meſcontentement que le
Roy auoit contre les Peres, auſquels
il auoit ià commandé qu'on coupaſt
le nez & les oreilles, & qu'on fiſt
mourir ceux qui eſtoient en Meaco.

B iiij

& tous les autres vuidaffent le Iappon, les lettres n'exprimoient point
clairement que la colere du Roy fuft
contre les Iefuittes, ou côtre les Cordeliers, & les vns & les autres faifoiét
leur refidence en Meaco. A cefte occafion nous fufmes en fufpens plufieurs iours, auec vn ennuyeux fou-
cy, ayant cependât recours aux orai-
fons & faints facrifices, iufques au
xiiij. Ianuier de l'an 97. & combien
qu'entre tât vinffent autres lettres de
plufieurs Chreftiens, lefquels pour
nous confoler efcriuirent que les Iefuittes n'eftoiént compris en l'edit,
neantmoins l'efprit des maiftres en
Nangafachi, n'auoit aucun repos,
iufques à ce que les lettres des Iefuittes qui eftoient en Meaco, fuffent ar-
riuées, qui fut le xvij. dudit mois, &
autres du depuis plus frefches qu'apporta vn frere Iefuitte. exprés enuoyé par le pere Organtin, à ce que
comme tefmoin occulaire il peuft
par le menu raconter ce qui s'eftoit
paffé iufques alors.

CHAP. II.

L'Euesque estant party de Ozaca le v.ij. de Decembre, & ayant nauigué viron six mil sur vn fleuue, fut contraint pour le vent contraire de s'arrester à l'emboucheure, & attendre le temps : il ne tarda guere par ce que le lendemain matin, qui estoit le iour de la Conceptió nostre Dame, il se leua vn vent si à propos auec la faueur de la maree, qu'ils firent voile vers Nangasachi.

Le Pere Organtin estoit venu auát la departie de l'Euesque en Ozaca pour le visiter & receuoir la benediction, ensemble quelques autres des nostres lesquels y estoient encor demeurez. Là le lendemain de la Conception, les vint trouuer Paoul Ochinda cousin de Ciunagodono Seigneur de trois Royaumes, qui rapporta au Pere Organtin qu'vn

autre certain Medecin venant voir
vn sien cousin malade luy auoit dif-
couru quelques propos cy apres in-
ferez, lesquels Iacquin auoit peu deuant tenus en sa presence. Les Chrestiens, disoit-il, comme i'ay entendu
procedent maintenant fort libremét
& licentieusement, & ces Peres aug-
mentent le christianisme à leur sou-
hait:ce qui est de grand' consequence & insupportable, & qui touche
trop au vif:d'autant que le Royaume
du Iappon est consacré aux Dieux
Cami & Fatochi. Cela m'a mis aler-
te attendant quelque occasion pour
les accuser à nostre Roy, & les faire
chastier rigoureusement: hier fort à
propos s'en presenta vne bonne, &
tout aussi tost i'en donné aduis au
Roy. Il est bien vray qu'il estoit tant
enueloppé d'affaires qu'il y entendit
peu, & ne me fist aucune responce:
mais i'y retourneray encor bien vne
autre fois, & croy qu'il leur donnera
le chastiment qu'ils meritent. Ie vous
peux asseurer auec verité qu'il ab-

horre fort ceste loy là. Tel fut le discours de Iaquin que rapporta le Medecin à Paolo Ochinda comme nous
auons predit, lequel adiousta qu'il
estoit fort fasché que Iacquin eust
fait ce mauuais office aux Chrestiés,
par ce qu'entre eux il auoit beaucoup d'amis, & pria par apres le mesme Sachendono, qu'il se print bien
garde, attendu qu'il estoit Chrestien.
Le Pere Organtin ayant eu ceste
nouuelle, enuoya promptement vn
de nos freres à la maison du Seigneur
Iosephe frere d'Augustin qui estoit
en Ozaca pour sçauoir de luy si on a-
uoit parlé au Roy de nous autres Ie-
suittes, à quoy il fist responce, qu'il
n'en auoit rien entendu: Lors ce frere
luy declara ce que Sachendono auoit
rapporté au Pere Organtin. Cela
pourroit bien estre, repliqua le Seigneur Iosephe, d'autant que viron ce
temps là, Iacquin me dist, que pen-
sant aux affaires de mon frere, il luy
pesoit beaucoup, qu'ayant fait tant
de seruices au Roy & de telle impor-

tance, & eſtant Capitaine de ſi grand'
valleur, lors qu'il deuoit receuoir vne
bonne recompenſe de ſes ſeruices, il
luy fuſt ſi mal ſuccedé contre l'atten-
te de tout le monde, & qu'il tenoit
pour certain qu'il ny auoit autre cauſe de cela que ſa ferme obſtination
de ne vouloir point renoncer Ieſus
Chriſt, & de faire plus d'eſtat de ſon
Euangile, que des Dieux du Iappon,
pour punition dequoy tous les ſeruices qu'il auoit faits eſtoient iettez
aual l'eau.

Le meſme iour ſur le ſoir, le Seigneur Ioſephe retournant du Cha-
ſteau vint en noſtre maiſon, & deui-
ſant comme de couſtume auec les
Peres, voici arriuer vn page Chreſtien du gouuerneur d'Ozaca Farimandono pour donner aduertiſſe-
ment aux noſtres du commandemēt
que ſon maiſtre auoit fait à vn ſeruiteur de chercher la maiſon des Peres,
& d'y poſer bonnes gardes, par ce
qu'vn peu deuant le Roy auoit declaré qu'il les vouloit tous faire
mourir.

mourir. Alors Iosephe ne se peut garder de plorer : mais voyant qu'il falloit prendre autre party, il commença auec coniurations d'importuner
les nostres de partir de la maison deuant que les ministres de Farimandono fussent venus, & se retirer en
quelque lieu secret, iusques à ce que
lon eust entendu plus au certain l'intention du Roy. Seigneur, luy respondit le Pere Organtin, nostre desir
& nostre gloire est d'endurer toutes
sortes d'opprobres, voire la mort
mesme pour prescher la parole de Iesus Christ nostre Sauueur. Et partant
nous sommes à toute heure prests de
endurer mille morts pour l'amour de
nostredit Seigneur auquel nous ser-
uons, comme aussi pour le bien des
Chrestiens, pour le salut desquels
nous sommes auec tant de perils icy
arriuez des pays si esloignez. Vous
semble-il donc que pour se cacher
nous deuions maintenant fuir la
mort, lors qu'il plaist à nostre Dieu
nous l'enuoyer pour vn si sainct &

C

glorieux fubiet, & la fuir apres l'a-
uoir tant long temps fouhaittee?mais
Iofephe & quelques autres Chreftiens faifoient plus d'inftance de
nous faire fortir de la maifon, d'autant que fi les Sergeans de Farimam-
dono à leur venue trouuoient quatre
Peres enfemble,& le rapportoient au
Roy,il s'en reffentiroit beaucoup, &
ne feroit moins coleré contre les noftres que contre tous les Chreftiens,
s'eftant perfuadé que dans le Royaume de Meaco il ni auoit qu'vn vieil
Pere, & de là on accuferoit les Peres
Iefuittes de rebellion, de ce que contre l'Edict expres ils demeuroient en
Ozaca. Si que les noftres conuaincus
de fes raifons en fin furent forcez de
fe retirer,& s'é allerét le Pere Orgá-
tin auec le Pere Fráçois, Roderighez
en la maifó d'Auguftin&le pere Pierre Moregion auec le Pere François
Perex en la maifon de Sachendono.

   Or ce pendant que le Pere Organtin eftoit en l'hoftel d'Auguftin,
il luy fouuint qu'entre les feruiteurs
de la maifon il y en auoit vn de la pa-

renté d'vn Mnsicien , lequel pour
estre fort agreable au Roy estoit toufiours pres fa perfonne. Il enuoya
donc ce feruiteur en la maifon du
Muficien pour defcouurir la verité
de ceft affaire,il y alla, & fon parent
l'affeura que ce qu'il demandoit n'e-
ftoit que trop veritable, comme le
Roy l'auoit dit ni auoit pas long
temps,& que l'occafió en eftoit telle.
Auiourd'huy (dift le Muficien) Gemonogio eftre tourné de Tozza auec
Ciofugami Seigneur de ce pays , & a
apporté vn repertoire des meubles
qui eftoient dans le nauire, entre les
chofes que Gemonogio a rapporté
au Roy, cefte cy fut que tous ceux de
ce nauire eftoient Chreftiens, plufieurs moines & religieux:que ce nauire eftoit d'autant plus fufpect qu'il
portoit peu de marchandifes, beaucoup d'armes & inftrumens de guer-
re (bien fembloit il que ce qu'il en
difoit eftoit pour auec cefte couuer-
ture cacher iniuftice qui fe commet-
toit en s'emparant de ces richeffes.)

C ij

Par cela Taicosama plein de rage
auoit refpódu que c'eftoit vne chofe
fort pernitieufe que la loy Chreftienne fe prefchaft publiquemét en Iappon:& que l'ayant deffendue ce nonobftant Fafcegaua auoit fauorifé les
peres venus des filipines & auoit permis que contre la deffence cefte loy
fuft prefchee & qu'on baftift Eglifes.
A ce difcours fe trouua vn des fils de
Fafcegaua gentilhomme de la maifon du Roy, nommé Vfioio, lequel
pour excufer fon pere dift: voftre. M.
à raifon & pour cefte occafion mon
pere fçachant que vous aniez à con-
trecœur tout ce que les Peres faifoiét les auoit par plufieurs fois fom-
mez de ne prefcher plus, & voyant
que pour cela ils ne s'en defiftoyent,
il auoit mis en memoire tous leurs
fauteurs. Non feulement les Peres
des Philipines adioufta le Roy, prefchent la loy que i'ay deffendue, mais
les autres auffi: & m'a on rapporté
qu'vn vieillard d'entre eux (il vouloit parler d'Organtin) fous ombre

de ce faire guarir de quelques mala-
dies demeure en ceste cour & baptize. Mais les vns & les autres le paye-
ront auec la vie, & feray faire Iustice
de tous ceux de Naugasachi. Là se
trouua Cicugendono lequel desireux d'adoucir la fureur du Roy ne
perdit point courage, & dist fort
humblement: V. M. à raison, mais
neátmoins ie la supplie pour ce coup
vsant de clemence & misericorde
leur donner la vie. Taicosama respondit, puis qu'ainsi vous semble
i'en feray mourir cinq ou six, les autres apres leur auoir fait couper. le
nez & les oreilles, & fait mener par
les villes dans des Tombereaux en signe d'ignominie, ie les renuoyray en
leur pays, & se retournát vers Vsioio
luy dist: ceste nuict si tost que la Lune
sera leuee allez promptement à Meaco & executez mon commandemét,
voila ce que ce Musicien raconta au
seruiteur.

Mais afin d'entendre l'intention
du Roy, il faut sçauoir qu'en la con-

trée de Meaco, les noſtres ont touſ-
iours procuré la conuerſion des nobles, par ce que ceux là eſtant gai-
gnez, il eſt facile de conuertir le reſte.
Dequoy s'appercenant Iacquin ſe
perſuada que c'eſtoit vn ſtratageme
pour conquerir le Iappon pluſtoſt
que pour auancer le ſalut des ames,
(par ce que, comme au parauant nous
auions remarqué, ſelon ſes faux preceptes, le miſerable tient l'ame pour
vn ſonge, & ignoramment & im-
pieuſement croit que l'ame de l'homme meurt auec le corps, comme celle
des beſtes) & pour que ceſt effet nous
eſtions venus de l'Europe en Iappon.
Ce ſoupçon luy eſtant augmenté par
la diligence dont vſoit Iuſte Vcondono pour inciter la Nobleſſe au
Bapteſme. Iacquin en auoit par pluſieurs fois fait inſtance au Roy auant
noſtre banniſſement, lequel pour
lors ne monſtra point qu'il s'en ſou-
ciaſt : mais depuis qu'il vint aux
Royaumes de Scimo contre le Roy
de Saſſuma, & eut veu que beaucoup

de Seigneurs auec leur suitte estoient
Chrestiens, & qu'entre eux y auoit
grand'amitié & concorde, auec autant de respect & affection vers les
Peres, il luy souuint de ce que Iacquin par plusieurs fois luy auoit
chanté aux oreilles, & que faussemét
il luy auoit fait entendre, que nous
pouuions apporter vn grand preiu-
dice à son Empire en augmentant la
saincte foy. Voila la vraye occasion
du changement qui se monstra &
non pas la haine de nostre loy, ni le
zele qu'il auoit à ses Idoles, car peu se
soucioit-il de Cami & Fatechi, comme il les appelloient en Iappon, &
tenoit pour certain ceste fausse opinion que la vie de l'autre monde
estoit vne pure imagination humaine, & en consequence que les loix
qui en sont faites sont inuentions
d'hommes pour mieux gouuerner
les Estats & Seigneuries, afin qu'auec
la crainte du chastiment en l'autre
vie on refrenast aucunement les vo-
lontez desbordez des hommes mes-

C iiij

chans.

D'autre part Taicosama conside-
roit que la demeure des noftres en
Iappon conferuoit le commerce des
Portugais, & recognoiffant la franchife & debonnaireté dont ils vfoiét
au trafficq fans ambicieux deffeins
d'autre conquefte, & en fin ayant ef-
gard à l'ambaffade du pere visiteur
que le vice Roy de l'Inde Orientalle
auoit enuoyé l'an precedent au Roy,
qui lors eftoit Quibacondono, il
modera aucunement fon maltalent
diffimulant auecques nous par ce
qu'il nous voyoit retirez & ne prefcher point auec pleine liberté, faifant
paroiftre à l'exterieur que nous portions refpect à fes Edicts.

Mais voyant depuis que conti-
nuellement arriuoient des Filippines
autres Religieux foubs tiltres d'Am-
baffadeurs, & qu'ils s'arreftoient en
Iappon pour prefcher la loy qu'il a-
uoit deffenduë, ioinct qu'on luy a-
uoit donné aduis qu'ils tramoient
des menees en Manila, & que les Ef-

pagnols auoient de ce temps fubiu-
gué nouueaux Royaumes, il confirma cefte premiere deffiance, que les
Peres eftoient venus pour tramer &
apprefter la conquefte du Iappon, ce
fut donc dequoy toufiours il eut
quelque crainte.

Pour reuenir d'où nous fommes
partis, quant ce feruiteur eut rapporté au Pere Organtin la fentence du
Roy beaucoup de Chreftiens qui
eftoient là, furent d'aduis que les Peres fe cachaffent & que l'on dift aux
Sergeants de Taicofama lors qu'ils
viendroient les chercher qu'ils s'e-
ftoient retirez auecques l'Euefque en
Nangazachy. Mais le Pere pour les
efclarcir fans autre ceremonie parla
ainfi.

Quant à ce qui touche les autres
Peres, ils prendront tel party qu'ils
aduiferont: De moy, ie fçay ce qui eft
conuenable à cefte mienne vieilleffe:
vingt & tant d'ans y-a que ie nourris
& fouftiens la Chreftienté en ces
parties de Meaco, & ores qu'il eft

temps de comparoiſtre me cacher
poltronnement, & au plus grand be-
ſoin l'abandonner? Ià adieu ne plaiſe.
Car en ceſte façon ie ne ferois pas ce
que ie dois à l'honneur de Dieu, ny
ne ſatisferois à l'obligation que i'ay à
la compaignie. Parquoy auec ſon aide ie m'en iray demain du matin à
Meaco pour eſtre crucifié, ou bien
afin d'auoir le nez & les oreilles
couppees, & qu'ils facent de moy
comme predicateur de l'Euangile ce
qui leur plaira

　　Le Pere Rodrighez oyant cela, ſe
reſolut totallement de l'accompagner & ſe mettre au meſme danger.
L'aſſiſtence admira fort ces grandes
vertus bien propres & ames ſi reli-
gieuſes, & approuua vne ſi ferme reſolution. Ainſi les deux Peres entre-
rent en vne maiſon, où auecques pluſieurs Dames eſtoit Madame Iuſta
femme d'Auguſtin baptizee y auoit
ià long temps par le Pere Organtin,
laquelle comme elle eut entendu que
le Pere Organtin eſtoit venu pren-

dre congé d'elle pour s'en aller souf-
frir la mort en Meaco, en print telle
faſcherie que ſe laiſſant gaigner aux
larmes & ſanglots la parole luy fail-
lit : mais le pere en la reconfortant à
ne ſe faſcher luy fiſt ſur ce ſubiet fort
à propos vn diſcours plein de charité , l'encourageant auec toutes ſes
compagnes à la conſtance ſur tous
les accidens qui pourroient arriuer.
Lors euſt on peu voir ces bons Chreſtiens, les vns pour la grande affection
qu'ils luy portoient, commé à leur
pere ſi ancien , ſe pendre à ſes accou-
ſtremens, les autres monſtrer en la face le deſplaiſir qui leur creuoit le
cœur, les autres finalemét auec pleurs
& gemiſſemens deſcharger les dou-
leurs qu'ils ſentoient, autres plus courageux s'offroient à l'accompagner,
leſquels dás leur cœur ſembloit qu'ils
diſent: *Eamus & nos, & moriemur cum
illo.* A preſque ce Pere ſe fut deſuelop-
pé de ceſte maiſon, il vint à la noſtre,
& incontinent fiſt appeller les deux
autres Peres qui eſtoient en la mai-

son de Sachendonos & en peu de paroles leur donnant aduertissement de ce qu'il auoit entendu, & de sa resolution: s'estans cherement embrassez, le lendemain qui estoit le septiesme iour de Decembre print son chemin vers Meaco auec le Pere Rodrighez en la compagnie aussi de nostre frere Paul Amacusa, & d'autres Chrestiés. Aux autres freres d'Ozaca ceste departie, apporta d'vn costé de la fascherie se voyant priuez d'vn tel Pere sans espoir de iamais plus le reuoir: & d'autre part de l'allegresse, considerant que par ceste voye nostre Seigneur leur vouloit faire grace de la plus illustre couronne que Dieu donne à ses gendarmes.

Les deux Peres auec le frere Paul Michi & autres Chrestiens qui demeurerent en Ozaca se confesserent generallement, & s'apprestoient à la mesme chose donnant auec cela ordre de sauuer les ornemens de l'Eglise & les meubles de la maison, quand voici nouuelles arriuent que la colere du re du Roy estoit seulement contre les Cordeliers. Se dit dauantage que le soir du mesme iour, les Sergeans de Farimandono estoient à la maison des Peres Cordeliers, ou ne trouuant seulement qu'vn appellé Martin de l'Assension, lequel en ceste mesme annee estoit venu des Phillippines, ils mirent en leur registre son nom, & d'vn autre Chrestien qui seruoit de clerc à dire la Messe, & de deux autres petits enfans ausquels ayant laissé gardes vindrent à nostre logis, ils furent rencontrez d'vn Chrestien nommé André Ongasauara, auec quelques autres qui leur dist que ceste maison estoit à luy bien qu'il eust presté quelque portion du logis au Pere Iean Rodrighez truchement de sa Maiesté ou auoit logé l'Euesque passant par Ozaca, & maintenant ny auoit que trois personnes : Assauoir Paul, Michi, vn autre qui estoit clerc pour aider à dire Messe, & le troisiesme l'Econome de la maison. Il ne nomma point les deux autres Peres

D

qui y estoient, encor que deuant que
ces Sergeans fussent arriuez, ils eussent fait grand' instance à André &
ses compagnons qu'on les laissast re-
presenter pour estre mis en vn roolle
si precieux auec les autres: d'autant
que si Taicosama estoit deliberé de
leur oster la vie, ce seroit chose vaine
de se vouloir cacher, adioustāt qu'en
ceste intention ils auoient quitté le
Pere Organtin. Mais les dessusdits
Chrestiens ne voulurent condescen-
dre à leurs prieres : parquoy nom-
mant seulement ces trois, les Sergeans s'en allerent, & au partir donnerent charge aux voisins de garder
la maison.

La nuict suiuante, Sachendono
vint à nostre logis auec vn Seigneur
Chrestien, & deux autres qui me-
noient deux cheuaux en intention
d'enleuer par force les deux Peres, &
les enuoyer à Sacai distant neuf mil
d'Ozaca iusques à ce que ceste furie
ce passast: & en chose de telle importance ne se fians à des vallets, vous-

ſoient eux-meſmes ſeruir les Peres en
les accompagnant : les noſtres y reſi-
ſterent, fort alleguans entre autres
choſes que ſouffrir outrages pour
Chriſt, c'eſtoit acquerir la gloire
eternelle, & qu'en intention de mourir pour ſemblable cauſe ils auoient
quitté leur patrie : & outre, que ſi le
Roy entreprenoit de les auoir entre
ſes mains ſelon la raiſon humaine, ils
ne pourroient eſchapper, à quoy ayāt
eſgard, ſortir de ceſte maiſon n'eſtoit
autre choſe que mettre en peine ceux
qui les receleroient, & ceux qui auroient donné aide & ſecours pour fa-
uoriſer leur fuite.

    Ces Seigneurs s'eſmeurent telle-
ment deſdites paroles que enflammez du zele de l'honneur de Dieu, ils
firent promeſſe de ne manquer iamais à la foy qu'ils auoient promiſe
à la diuine Maieſté, & de ſe monſtrer
vrays Chreſtiens en toutes occaſions:
mais pour tout cela qu'ils ne permet-
troient iamais que les Peres demeu-
raſſent, puis qu'il y auoit apparence

D ij

que la perſecution regardoit particulierement les Peres Cordeliers, &
que la demeure des noſtres en ceſte
maiſon ne ſeruiroit à rien que de
prouocquer le Roy à plus grand' in-
dignation contre tous les Peres, &
tous les Chreſtiens du Iappon. Parquoy il n'eſtoit point raiſonnable
pour le bien particulier de quelques
vns, mettre en danger le bien commun de toute la Chreſtienté. En fin
adiouſtant les prieres aux raiſons, ils
contraignirent les Peres de ſuyure
leur aduis, à ceſte condition neantmoins que quand on ſçauroit de certain que Taicoſama feroit occir les
Peres pour le ſouſtien de l'Euangile,
ils ſe repreſenteroient & s'offriroient
à la mort quelque part qu'ils ſe re-
trouuaſſent, imitant en cela S. Paul,
lequel en pareil accident ſe laiſſa de-
ualler dans vne corbeille par ſus les
murailles de Damas: & ſur ce ils ſor-
tirent de la maiſon montât à cheual
conduits de ſes Seigneurs, leſquels
voulurent bon gré malgré les accom-

pagner à pied, portant mesme sur
leurs espaules les accoustremens lesquels en Iappon leur seruoient de
manteaux & leurs breuiaires iusques
en Sacai, d'où quelques iours apres
ils se retirerent en Ozaca.

CHAP. III.

INcontinent que le Pere Organtin
fut aduerty par le page de Farimã-
dono de la charge de son Maistre, il
depescha en poste vn Chrestien en
Meaco, pour en donner aduertisse-
mét à deux de nos freres qui estoient
en ceste residence. Il arriua le lendemain ix. de Decembre sur le midy, &
proposa ces nouuelles de si mauuais
goust. Ils les receurent neantmoins
comme fort plaisantes, de sorte que
s'encourageans l'vn l'autre, ils se pre-
parerent à tous accidens qui pourroient suruenir. Et par vn mesme si-

D iij

rent entendre le tout à Iuſte Vcondono & à aucuns Chreſtiens, leſquels
à l'inſtant ſe rendirent à noſtre maiſon pour là receuoir auecques nos
freres vne ſi honorable mort. Le
nombre d'iceux ſe multiplia en peu
de temps, d'autant que ce bruit eſtant
reſpandu parmy les Chreſtiens, chacun ſe haſtoit de s'y trouuer, & faiſoient les vns aux autres de ſaintes
exhortations.

Ce pendant l'vn de nos freres eſ-
poinct de la charité du prochain, duquel il apprehendoit plus la mort
que la ſiéne propre, preuoyant qu'en
tels accidens beaucoup de ſecrets
ſont deſcouuerts par le moyen des
lettres miſſiues, & qu'il y auoit danger que les officiers de la Iuſtice en
trouuans quelqu'vns dans la maiſon,
ne recogneuſſent que beaucoup des
Nobles auoient receu le Bapteſme,
fiſt diligente recherche de toutes celles que lon nous auoit enuoyees, &
les ietta dans le feu. Peu apres les noſtres eurent aduis que Gibonoſcio

(l'vn des gouuerneurs de Court, &
lequel est Lieutenant du Roy en la
basse prouince de Meaco, où estoit
nostre résidence) auoit fait mettre
gardes au logis des Peres Cordeliers,
lesquels en pareil auoient leur demeure en la mesme contree.

Or comme ces choses se passoyent
en Meaco, le mesme neufiesme de
Decembre, le Pere Organtin arriua
à trois mil pres, & par le conseil des
Chrestiens enuoya deuát Paul Amacusa pour sçauoir en quel estat estoit
l'affaire. S'y arrestant pour en entendre nouuelles, Paul apres auoir com-
municqué à plusieurs Chrestiens
s'en retourna au pere, & luy fist rapport de ce qu'il auoit appris: Assauoir
que la colere du Roy sembloit tour-
ner plus sur les Peres Cordeliers que
sur les nostres, & à ceste occasion
estoit bon qu'il se tardast là quelque
peu attendant que l'on peust voir
comme tout reussiroit. Alors se re-
nouuellerent les combats des Chrestiens pour gaigner que le Pere de
D iiij

meurast, non seulement pour la raison susdite, mais encor à ce qu'il eust
esgard à la grande necessité que lon
auoit en general de sa personne en
telle aduersité. Luy proposant par vn
mesme les moyens & commoditez
pour se tenir caché.

Mais le bon Pere qui aspiroit à
autre chose qu'a viure, reprouua toutes ces opinions, disant: Ceste nouuelle est pour nous ou elle ni est pas.
Si elle ni est point, pourquoy dois-ie
prendre l'espouuente de m'absenter?
si elle y est, & que nous soyons desti-
nez à la mort, sera ce mon deuoir de
me cacher, & comme vn mercenaire
de m'enfuir? Cela ne s'accorde point
auec mon intention, qui est, comme
pasteur de l'Euangile, exposer ma vie
à la gloire & exemple du troupeau
de Christ. Dauantage si le Roy me
fait chercher, y a il en Iappon quelque cauerne si cachee, ou la rage de
Taicosama ne me puisse trouuer?
Quand à moy, ie n'ignore pas que le
conseil que vous me donnez ne pro-

cede de la charité & bonne affection
que vous me portez: mais pour maintenant cest assez que ie vous en rende
graces. Il adiousta d'autres raisons
auecques lesquelles il prouua que c'e-
stoit là le temps ou il estoit requis
pour le seruice de Dieu, pour l'honneur de nostre sainte Loy, & pour le
bien de la Chrestienté, que les Peres
desployassent l'estandart de Iesus
Christ, & se fissent recognoistre tout
à plat pour Predicateurs de sa doctrine, laquelle il auoit apportee du
ciel cy bas en la terre: Et de ce faire
ne deuoit estre empesché d'aucune
crainte ou couardise, puis que telle
resolution & desir estoient si agrea-
bles à la diuine Maiesté. En outre le
Pere Organtin tascha d'oster de l'o-
pinion des Chrestiens, de les vouloir
rachater, si par cas d'aduenture il s'en
presentoit occasion, d'autant que ce
ne seroit autre chose qu'euiter le
martire que nostre Seigneur leur en-
uoyoit pour vne singuliere grace:
neantmoins il leur accorda qu'il ne

se represenceroit point publiquemét,
& ne feroit rien iusques à ce qu'on
eult appris la resolution du Roy, ainsi par ceste moderation les Chrestiens se contenterent.

Le mesme iour arriua en Meaco
Vsioio chargé du Roy de mettre en
registre les Chrestiens qui fauori-
soient les Peres Cordeliers, lequel
sans dilayer commença d'informer
& d'escrire les noms de tous les chrestiens qui estoient en Meaco. Le premier au roolle fut Iuste Vcondono
qui lors y faisoit sa demeure. Cela
fait voyant qu'on auoit ià pozé les
gardes à la maison desdits Cordeliers de l'ordonnance de Gibonoscio
& non point à la nostre, il alla trouuer Gibonoscio & luy dist:Si vous a-
uez fait mettre garde à la maison de
ceux-là par ce qu'ils preschent leur
loy, vous deuez faire de mesme aux
Iesuistes, par ce qu'ils sont coulpables de mesme crime. Et afin de luy
mieux faire croire, il nomma aucu-
nes personnes honorables que les no-

ftres auoient baptizees, asseurant
qu'ils preschoient & baptisoient
encores dauantage que les Cordeliers.

Il y auoit deux raisons qui indui-
soient Vsioio à ce faire. La premiere,
que les nostres estans coulpables, le
crime (si crime se doit appeller) qu'ils
mettoient sus aux Cordeliers, seroit
en ce regard moindre & plus commun. La seconde estoit que son Pere
estant leur protecteur, il se persua-
doit qu'il y alloit de sa reputation &
de son honneur, si ceux-là estoient
chastiez pour crime dont les nostres
demourassent impunis.

Dauantage il luy presenta vne liste
qu'il auoit dressee des Chrestiens, &
le pria qu'a tous semblablement il fist
bailler gardes, de peur que quelqu'vn
s'appefceuant à quelle fin il estoit mis
en escrit ne print la fuitte : ce que le
Roy attribueroit à sa negligence: certainement cela vint de la prouidence
de Dieu que Vsioio mist en escrit les
chrestiens auant qu'en auoir donné

aduis à Gibonoscio, par ce que estant gouuerneur de Meaco, il luy sembloit que Vsioio ne se deuoit en aucune façon entremettre de son gouernement sans premierement luy en conferer, veu mesme qu'il estoit son inferieur. Et pour ceste occasion il eut grand despit d'estre touché si au vif, attendu mesme qu'il estoit question de fait de iurisdiction. C'est pourquoy il tascha par tous moyens de rompre tout ce qu'il auoit fait, luy disant auec paroles hautaines: vous ne sçauez ce que vous dites, & n'entendez pas la volonté du Roy, par ce que sa Maiesté ne desire pas de faire mourir tous les chrestiens: car ce seroit faire mourir vn grand nombre de personnes. Dauantage cognoissez vous bien ceux qui sont chrestiens & ceux qui ne le sont pas? Il y en a grand nombre qui le sont secrettement, de mode que ie ne sçay si vous estes chrestien, & vous ne sçauez si ie le suis: parquoy ne me venez point parler auecques telles impertinences.

Encor

Encor Gibonoscio ne se contenta pas
de cela, mais passa outre & dist pourquoy auez-vous mis cestuy cy en la
liste? (il parloit de Iuste, lequel estoit
à la premiere ligne) est-ce chose nouuelle qu'il soit chrestien? Sçauons
nous pas bien qu'il y a pres de dix
ans, qu'en Facata le Roy luy fist dire
qu'il reniast le baptesme, & par ce
qu'il ne voulut luy obeir le cuida
tuer? mais pour les grands seruices
qu'il auoit faits il luy pardonna, luy
confisquant son bien qui est presque
autant à vn homme de son calibre
que de luy oster la vie. Et depuis cela
sçauons nous pas bien que le Roy en
signe de bien-veillance l'a receu en sa
presence? Auiourd'huy donc qu'elle
nouuelle sera ce d'aller dire au Roy,
que Iuste est chrestien? Ie ne le per-
mettray pas, & n'approuueray iamais
vn tel conseil. Il ny a point d'apparence de mettre garde au logis des
Iesuistes estant celuy du truchement
de sa Maiesté, lequel est maintenant
en Nangasachy. Vray est dit Vsioie

que là est la maison de ce pere, mais
toufiours y en a il d'autres qui font
ceux qui vont prefchant leur loy, qui
eft le fubiect pourquoy vous deuez
faire le mefme pour cefte refidence
qu'auez fait à celle des cordeliers.

Gibonofcio ne manqua point de
replique à noftre faueur, & la con-
clufion fut que donnant à entendre
ouuertement que Taicofama luy a-
uoit baillé le gouuernement de Meaco, & la charge de cefte execution:
partant Vfioio le laiffa faire & fe retira à la bonne heure, par ce que ie
fçay fort bien, difoit-il, ce qui eft de
mon deuoir. Vfioio entendant cela fe
retira tout côfus auec fa courte honte.

Le lendemain dixiefme de Decembre Gibonofcio, repenfant plus
meurement à cefte affaire, & auec
moís d'opiniaftreté iugea qu'il falloit
auffi mettre gardes à noftre logis plus
par maniere de ceremonie que de rigueur: par ce que quelque repriman-
de qu'il euft faite le iour de deuant à
Vfioio luy declarant l'intention du

Roy:neantmoins afin de ne se rendre
suspect en ceste cause, il estoit bon
ainsi en vser. Et à ceste fin il enuoya à
nostre logis le nepueu de son Lieutenant, lequel comme il fut arriué, demanda de la part de son oncle qui
estoit là dedans, & qui en auoit la
garde. Il en sortit vn dehors qui respondit, ie demeure ici auec vn autre
qui auoit la charge de la maison, que
demandez-vous? faites venir vostre
compagnon, ce dit l'autre, par ce que
ie veux parler à luy, ce frere vint &
luy fist la reuerence d'vne façon gaye
qui luy estoit naifue. Alors ce ieune
homme luy dist: Monsieur le Lieutenant m'a enuoyé pour mettre garde
à ce logis du commandement de Gibonoscio, mais par ce que ie vous recognois à la physionomie homme de
foy, & que ie croy que ne me trom-
perez point, il suffira de donner ceste
commission à vos voisins. Adonc
ayant mis en escrit son nom, & celuy
de son compagnon il s'en partit,
commandant aux voisins de garder

ceste maison.

Or y auoit il cinq des nostres resi-
dents en ce lieu, mais Dieu voulut
que pour lors il ny en auoit qu'vn
seul dedans le logis, lequel fut mis
par escrit. Vn autre estoit allé à vne
maison proche, où en la compagnie
d'aucuns gentilshommes Chrestiens,
il discouroit du martyre auec grande
affection, esclarcissant toutes les que-
stions que les Chrestiens formoient
sur ceste matiere, & par ce moyen les
rendoient plus dispos & courageux à
vne si glorieuse bataille. Il perdit
pour lors (telle estant la volonté de
Dieu) d'estre escrit au nombre des
Cheualiers de Christ. Les trois autres par cas fortuit estans occupez en
diuerses affaires furent pour ce coup
exclus du martyre : mais ils monstre-
rent bien ayans entendu que les deux
nostres dessusdits estoient couchez
en la liste, combien ils auoient de regret de ne participer à vn tel heur, de
sorte que l'vn d'eux meu d'vne sainte
enuie, au nom de tous les autres, des-

manda au pere Organtin, s'il feroit
pas bon de leur franche volonté de fe
prefenter au gouuerneur pour fe faire enroller, il leur refpondit qu'ils
euffent vn peu de patience, d'autant
qu'on eftoit encores en doute du fubiect qui incitoit le Roy à faire telle
execution. Que fi s'eftoit pour la
confeffion de la fainte foy, non feulement eux, mais chacun des noftres
voudroit debattre à qui feroit le premier pour remporter vne fi riche
couronne. Si c'eftoit auffi pour le
fubiect du nauire de Tozza, en ce cas
il feroit requis d'en deliberer plus
meurement, par ces raifons les freres
fe tindrent en patience. Les voifins
obeiffans au commandement du
Lieutenant, poferent gardes à noftre
logis, mais tout ainfi qu'on leur auoit
commandé froidement, froidement
auffi l'executerent-ils: d'autant que
durant le iour ils y tenoient vne ou
deux perfonnes, & la nuict quelque
peu dauantage armez d'efpees & de
picques, lefquels fe comportoient

E iij

fort doucement & courtoifement
enuers les noftres.

Le Roy eftant ledit iour en Fufci-
no, & auecques luy Gibonofcio &
Gemonogio tous deux gouuerneurs
de Meaço, ceftuy cy de bas, & l'autre
de haut pays. Et encor Fafcigaua auec
fon fils Vfioio & plufieurs autres,
commença de tencer les deux gouuerneurs de la grand' liberté & li-
cence auec laquelle les Cordeliers &
les Iefuiftes auoient prefché la loy
Chreftienne, & baptizé grand nombre de perfonnes contre fon ordonnance. Les gouuerneurs pour fe de-
coupper, & par vn mefme fe venger
de Fafcigaua & de Vfioio qui auoiét
rapporté que les noftres auoient baptizé beaucoup de gens, refpondirent
que cela eftoit bien vray pour les peres Cordeliers, mais non pour les Iefuiftes, & que toufiours cela leur a-
uoit femblé fort eftrange, & maintes
fois en auoient aduerty lefdits Cordeliers dont ils n'auoient tenu conte:
ains difoient que par le moyen de

Fascigaua ils auoient obtenu permission de sa Maiesté, enquoy y auoit
apparence, veu qu'il auoit la prote-
ction d'iceux, & à ce moyen en a-
uoient laissé la charge à Fascigaua.
Mais en ce qui touchoit les Iesuistes,
ils sçauoient fort bien qu'ils se comportoient suiuant l'Edict de sa Maiesté : Et qu'en ayant par plusieurs
fois fait curieuse recerche, n'auoient
oncq'trouué autrement que ce qu'ils
disoient: Et pour ainsi le iustifier, Gibonoscio tira vne lettre enuoyee de
Tarazauandono gouuerneur de Na-
gasachy (combien que cela fust faux,
& le dissent pour se iustifier) laquelle
contenoit que dans ceste contree les
Iesuistes estoient fort retenus à augmenter la foy Le Roy ayant entendu
la lecture de la lettre, demeura fort
content & satisfait des nostres qui
estoient en ce pays, s'estant auparauant persuadé que le pere Organtin
estoit celuy qui auoit transgressé son
Edict (ainsi que Fascigaua & Vhoio
luy auoient rapporté) comme encor

E. iiij.

Tarazauandono le monstroit en la mesme lettre en ces termes : en ce qui touche à mon departement, i'ay fort l'œil à ne permettre pas que l'Euangile s'aduance : vous autres estes si nôchallans qu'en vos gouuernemens vous les laissez faire, mais les gouuerneurs n'approuuerent ce qui estoit en ceste lettre contre, & tindrent pour bon ce qui faisoit pour eux : tellement que decouppant nous autres, toute la faute (appellant malheureusement faute la sainte affection d'espandre & dillater l'Euangile) fut iettee sur le dos des Cordeliers, tant pour se deffendre, comme nous auons dit, & rendre coulpables. Fascegaua & Vsioio, comme aussi pour auoir coniuré dés auparauant d'accuser les Cordeliers & les faire sortir de Iappon.

L'occasion qui mouuoit Tarazauandono à escrire ceste lettre fut, que se trouuant en Court l'an passé, & voyant que les Cordeliers preschoiét & baptizoient publiquement, il se

persuada que le Roy le sçauroit, &
qu'aucuns des principaux estoient ià
pour les luy accuser, dequoy il ne
pouuoit aduenir que mal aux nostres: Et partant pour l'amitié qu'il
leur portoit, il tascha de remedier à
ce peril eminent, aduisant ces Cordeliers qui regardassent ce qu'ils faisoient: mais voyant que ce n'estoit
chose suffisante, il voulut escrire ceste
lettre & l'addresser à Gibonoscio, à
ce que se presentant quelque bonne
occasion il la monstrast au Roy. Ce
fut pourquoy lors s'aidant de ceste o-
portunité il la fist voir à sa Maiesté.
L'vnziesme du mois, le Roy estant
à voir le bastiment de son palais ap-
pella Gibonoscio, auquel il commanda de faire executer tous les Peres: lequel fist responce que promptement il feroit ce que sa Maiesté
commandoit & ainsi il partit.
Il y auoit vn Iapponnois qui estoit
là present, lequel s'aduisa d'en aduertir sa mere grande nommee Marie,
doutant que la Iustice ne la surprint,

par ce que les Payens ne font point
de difference entre les Peres & les
Chrestiens, & appellent tous Chrestiens Peres, de façon qu'il luy escriuit vne lettre de Fascimo trois lieuës
distant de Meaco ou elle demouroit,
dont la teneur ensuit.

Ce iourd'huy le Roy estant venu
voir ses bastimens a commandé de
grand' colere que lon fist mourir
tous les Peres, sans qu'il en eschap-
past vn seul. I'ay grand pitié de vous
qui estes Chrestienne, & partant
vous en ay voulu donner aduis par
la presente.

Ceste Dame plaine de constance
ne se troubla point de ces nouuelles,
ains d'vn visage gay rendit graces à
nostre Seigneur, & s'appresta auec
vn courage inuincible pour receuoir
vne couronne si precieuse, choisissant
de ces coffres quelques accoustremés
necessaires pour l'honnesteté & bien
seance à elle & vne sienne fille ado-
ptiue nommee Grace, aagee de dix
ans (qui se tenoit auec elle, & à la-

quelle, comme vraye mere, elle defi-
roit le vray bien) lors qu'on les met-
troit en la Croix, & eft la verité que
cefte Dame ne monftra pas feulemét
en cela la franchife de fon courage,
mais encores tafcha elle inftamment
que ce defir qu'elle auoit s'accom-
plift, difant à aucuns Chreftiens qui
fe trouuerent là, ces paroles: ie fuis de-
liberee de mourir pour noftre fainte
foy, mais eftant femme dont la nature eft d'eftre infirme, ie doute que
voyant les armes deguaifnees, le courage ne me faille: pour cefte occafion
ie vous fupplie inftamment & de
grace que ne permettiez en moy vn
tel defaut, pluftoft par force trainez
moy & me liurez entre les mains des
bourreaux à ce que ie meure martyre.

    La mefme Dame voulant faire
preuue fi la refolution que fa fille
Grace monftroit de fouffrir la mort
eftoit ferme, ou fi s'eftoit quelque
chaleur d'enfant, luy dift qu'elle la
vouloit renuoyer à fon pere qui de-

mouroit en vne autre ville afin de la
reculer du danger : Ce qu'ayant entendu la Damoiselle se print à plorer,
disant : comment suis-ie point bapti-
zée? Si on fait mourir les Chrestiens,
ie veux estre de ce nombre : par laquelle responce Marie non seulemét
recongneust la constance de Grace,
mais aussi en sentit vne grande consolation.

Quelque temps apres, comme son
pere à bon escient l'enuoya querir, il
ne fut possible la separer de Marie:
tant à de pouuoir la grace de Dieu en
vn cœur, ou elle a pris possession, encor qu'il soit tendre.

D'aduenture quant ceste lettre fut
receuë, Paul Amacusa estoit present,
& la prenant s'en alla de ce pas trouuer ce frere, lequel, comme nous auós
dit, discouroit auec quelques Gentilshommes du martire, & l'ayant tiré à
part luy dist les nouuelles qui ve-
noient de Fascimo : & partant s'il
voyoit que les Chrestiens qui n'en
sçauoient encores rien estoient tellement

mët difpofez qu'ils n'en fuffent point
troublez, il pouuoit leur defcouurir,
autrement qu'il n'en parlaft point.
Laiffez moy faire, dift le frere, car ie
les leur feray entendre fi dextrement,
que les timides n'en prendront l'ef-
pouuentè, & ceux qui ont le courage
chaud ne s'en refroidiront: ains feray
en forte qu'ils s'enflammeront dauantage. Ce fait, laiffant là le frere
Paul , il alla trouuer les Peres qui
eftoient en vn autre logis pour leur
annoncer les mefmes nouuelles: Et
apres les ayãt embraffez , & les freres
qui y eftoient (qui ne fut fans plorer)
il fe va rendre à noftre maifon où
eftoient les gardes , & trouua là que
chacun eftoit attendant que les miniftres de la Iuftice arriuaffent pour les
faire executer. Le Pere Organtin fut
d'aduis de donner aduertiffement de
tout au Pere Vifprouincial, & à cefte
fin luy efcriuit la lettre qui enfuit.

Cefte lettre que maintenant i'en-
uoye à voftre reuerence fera de grãd
& general contentement, tant pour

vous & pour Monſieur l'Eueſque,
que pour les autres de noſtre compagnie, hier au ſoir on apporta vne lettre de Faſcimo à Marie de Sciman, de
la part d'vn ſien petit fils, laquelle
contenoit que le Roy auoit commandé le propre iour à Gibonoſcio
qu'il fiſt mourir tous les Peres. Noſtre Paul Amacuſa vint au logis apporter ces nouuelles auec vne allegreſſe extraordinaire, diſant : dés
maintenant Peres & Freres eſt venu
le iour tant deſiré de nous de pouuoir
eſpádre le ſang pour le bon Seigneur,
lequel pour l'amour qu'il nous portoit, à premierement donné le ſien.
Ce qu'entendant nous commençaſ-
mes auec grande conſolation de nous
appreſter interieurement, l'exterieur
s'enſuiuit par apres, qui fut de tirer de
quelques coffres nos robbes, manteaux & ſurplis, afin de comparoir en
c'eſt habit à ce ſpectacle comme enfans legitimes de la ſocieté, vrais ſeruiteurs de Dieu & predicateurs de ſa
ſainte loy, Ie ne pourrois auec les pa-

tolles vous exprimer la grande ref-
iouïssance dont le bon Dieu nous
remplit, ce que nous recognoiſſons
eſtre vn effet de ſa grace qu'auons
obtenue par les continuelles oraiſons
& ſacrifices que noſtre Pere general
& vous auez ordonné eſtre faites par
ceſte prouince à ſa diuine Maieſté.
Noſtre contentement eſt d'autant
plus grãd, que nous voyons és Chré-
ſtiens grands & petits vn courage
diſpoſé à faire comme nous, de donner la vie pour celuy qui auec la ſien-
ne a racheté tout le monde. Ils crai-
gnent ſeulement (comme on nous a
rapporté) de n'eſtre pas iugez dignes
de Dieu d'vne ſi glorieuſe palme. Le
vray champion de Ieſus Chriſt Iuſte
Vcondono porta l'enſeigne entre
tous. Et y a auſſi d'autres braues cheualiers, comme les fils de Ghemfoin
l'vn des quatre gouuerneurs do
Court, dont le dernier nommé Conſtantin s'eſt iuſques à maintenant
continuellemét tenu auecques nous.
Autres encor & entr'eux bon nom-

F. ij

bre de Gentilshommes nous enuoyēt
à toute heure lettres & meſſagers a-
uec aſſeurance d'eſtre promptement
à noſtre ſecours, comme à leurs Peres
& Maiſtres, ſi toſt qu'il en ſera be-
ſoin. Nous attribuons vne bonne
partie de ceſte chaleur Chreſtienne,
au ſaint Sacrement de Confirmation que peu auparauant ils ont receu à la venue de Monſieur l'Eueſque. Ie ne peux icy celer la requeſte
que me firent Iacques & Iean qui ai-
dent à dire la Meſſe, à ſçauoir que ie
vouluſſe les receuoir de noſtre compagnie, eſtans reſolus de ne nous
point abandonner en ce danger, auſquels ie feis reſponce que s'il adue-
noit qu'ils mouruſſent auecques moy
ils auroient trouué ce qu'ils cher-
choient, autrement que i'aduiſerois,
de vous en conferer, voila la lettre
du Pere Organtin.

Dans le Royaume de Giamato di-
ſtant d'vne iournee de Meaco eſt la
ville de Nara, renommee dans le pays
à cauſe des ſectes diaboliques qui y

ont tant de vogue qu'il y en a vniuer-
fité. Là le Pere Vifprouincial auoit
enuoyé vn de nos freres nommé
Vincent, qui eftoit l'vn des meilleurs
Predicateurs & truchemens que nous
euſſions dans ce pays, afin de s'informer de quelques poincts que nous
n'entendions pas pour la parfaite co-
gnoiſſance de la fauſſe doctrine des
Gentils, & le rapporter à nos Prédi-
cateurs, à ce que plus facillement ils
peuſſent vaincre le pere de menſon-
ge. Eſtant donc à ceſte commiſſion
on luy preſenta vne lettre d'vn de
nos freres pour l'aduertir, que s'il a-
uoit enuie de paruenir au martire
comme les autres de la compagnie il
s'aduançaſt de venir promptement.
Comme Vincent eut receu ceſte lettre, encor que de ſon naturel il fuſt
puſillanime & timide, neantmoins à
vn inſtant il ſe ſentit renforcé de courage, & ſans dilayer commence de ſe
mettre en ordre pour arriuer le lendemain de bon matin:dont ſon hoſte
s'apperceuant luy voulut perſuader

qu'il ne retournast en Meaco auant
que de sçauoir qu'elle fin prendroit
l'affaire, difant que c'eftoit vne grande fimpleffe de fe ietter à la mort
quant aifément on la pouuoit euiter.

Ce frere le remercia de fa bonne
affection, & s'efforça de luy perfua-
der que de mourir pour la loy Chreftienne, dont il faifoit profeffion, non
feulement il n'en receuroit point
d'ennuy, mais vn tel contentement
qu'il s'eftimoit tresheureux d'éfpan-
dre fon fang pour la fouftenir: Et que
d'autant plus que fa profeffion eftoit
cogneuë, tant receuroit il d'auantage
de blafme, fi les autres de la compagnie eftans faits mourir, luy feul retiré & caché reftoit en vie. Et à cefte
occafion fi le Roy faifoit mourir les
Predicateurs de l'Euangile, il deuoit
eftre des premiers. En fin l'hofte le
voyant fi refolu, luy bailla vn cheual
& gens pour le conduire, il partit
dont de bon matin auec vn tel courage d'endurer la mort, que fi toft
que par le chemin il rencontroit

quelque soldat, il luy sembloit que
s'estoit vn bourreau qui venoit pour
le faire mourir. Finallement estant
arriué en vn village pres de Meaco, il
renuoya son escorte & le cheual auec
mille mercis, & de là poursuiuant son
chemin sur le soir du douziesme de
Decembre gaigna à Meaco, ou vou-
lant passer au trauers des gardes, &
aller à nostre logis fut empesché de
nos amis, & conduit comme par force ou estoit le Pere Organtin.

Le mesme iour, les peres Cordeliers eurent nouuelles de la sentence
par laquelle le Roy les auoit condamnez à mort. Adonc ils firent paroistre qu'ils auoient bien profité en
l'escolle de la sainte religion : par ce
que tant s'en faut qu'ils se contristas-
sent d'vn tel arrest qu'au contraire, a-
uec grande allegresse ils s'appreste-
rent en la compagnie de quelques
autres Chrestiens à la receuoir de
bon cœur, comme il se pourra mieux
comprendre d'vn article de la lettre
que frere Pierre Baptiste Cómissaire

F iiij

des Cordeliers escriuit au Pere Augustin, dont la teneur ensuit.

Nous sommes enuironnez de gardes dehors & dedans, l'arrest de mort
a esté prononcé contre nous Chrestiens : Et pour cest effet on a mis
leurs noms en escrit dés le premier
iour que les gardes furent establies,
ils se confesserent, si que frere François & moy passasmes toute la nuict
à ouyr les confessions, par ce qu'vn
Chrestien homme d'honneur nous
auoit dit que le lendemain nous deuions tous mourir. Auant le iour, ie
communié les Freres auec cinquante
autres Chrestiens, & dis la Messe,
ayant opinion que se seroit ma derniere. Et ainsi nous nous aprestasmes
tous prenans des Croix à nos mains
pour aller rendre la vie à l'honneur
de Iesus Christ. Ce mesme iour auant
midy arriuerent plusieurs Iapponnois courans à trauers la maison, puis
apres arriua vn substitut de Gibonoscio gouuerneur de Meaco, qui se
saisit de Leon, Paul, Thomas, Bona-

uenture, & Gabriel nos Predicateurs,
lesquels il mena en sa maison, ie ne
sçay quelle fin prendra c'est affaire,
aucuns disent qu'on les doit faire
mourir icy: les autres qu'on les reme-
nera aux Philippines. Nous sommes
par la grace de Dieu fort pres de rendre la vie pour l'honneur de Iesus
Christ plustost que de retourner aux
Philippines, encor que pour mon
particulier ie ne merite pas vn tel
bien, frere François Martin est de
mesme courage & opinion, Dieu en
soit benist.

*Commme le Roy declara qu'en la sentence
donnee contre les Peres, il n'entendoit
que les Iesuistes & leurs disciples fussent comprins.*

C H A P.   IIII.

LE s nostres attendans auec les
autres Chrestiens à chacune heure les ministres du Roy, & la mort
ensemble. Nostre Seigneur inspira au

cœur de Gibonoscio par son secret
iugement vne volonté & desir de deliurer les Iesuistes & leurs disciples.
Et ainsi de son propre mouuement
sans auoir esté requis d'aucun des
nostres ny d'autres, alla le douziesme
Decembre trouuer le Roy, & luy tint
ce propos.

Vostre Maiesté me commanda
hier que ie fisse faire iustice de tous
les Peres : maintenant ie desirerois
fort sçauoir de quels Peres elle entend, & si elle entend y comprendre
ceux qui sont venus dans la flotte des
Portugais. S'il vous plaist aussi me ferez donner la teneur de l'arrest, afin
de le faire publier, & que chacun ait
cognoissance de la faute qu'ils ont
commise. Le Roy respondit, ne sçauez vous pas bien que ces gens qui
sont venus auec la flotte de Tozza,
ont acquis à l'Espaigne la Maxique
& les Philippines? De la mesme façon pretendent-ils d'enuahir mon
Royaume, & ont enuoyé ces Religieux deuât pour descouurir le pays,

& en preschant gaigner le peuple
pour par apres se venir ioindre auec
vne grosse armee, & se preualloir de
leurs partisans à conquerir ouuertement le Iappon. Il y a dix ans que
i'ay deffendu ceste loy, & les Iesuistes
obeissent à mon ordonnance. Qu'elle
raison y a il maintenant qu'autres
nouuelles gens viennét icy prescher
contre ma volonté, & renuerser mon
estat sen dessus dessous? Gibonoscio
respondit que sa Maiesté auoit grand
raison, & que ce qu'elle auoit dit des
Iesuistes estoit vray, adioustant autres
choses à escient pour adoùcir le Roy
à leur endroit: ce qui succeda selon
son desir, si que Taicosama monstra
d'estre fort content de nous, & luy
dist: d'autant que nostre truchement
(qui estoit le Pere Iean Rodrighez)
aura grand interest d'entendre ceste
nouuelle, enuoyez luy vne barque en
diligence, & luy faites sçauoir de par
nous qu'il ne se donne peine de rien,
& aussi à ce vieillard qui est à Meaco,
qu'il viue en repos de son esprit. Leur

ferez sçauoir dauantage que ie pardonne aux Peres de Nangasachy, à l'Euesque & à tous ceux qui sont venus auecques luy me voir. Incontinent apres ceste resolution, Gibonoscio fist appeller vn Chrestien nommé Iacques, l'informa de tout ce qu'il s'estoit passé, & luy chargea qu'en diligence il allast en Meaco, & en donnast aduis au Pere Organtin, aussi qu'il commandast à son Lieutenant de leuer la garde de nostre logis, & que du mesme pas iceluy Iacques s'en allast à Nangasachy pour faire part au Pere Iean Rodrighez & aux autres, de ce que le Roy auoit enchargé : mais cest homme s'exculant d'aller en Nangasachy, Gibonoscio repliqua qu'il y ennoyast vn autre qui fist le mesme message, par ce que y allant du commandement du Roy, il ne falloit aucunement differer. Comme Iacques fut paruenu à Meaco, il fist entendre aux Peres ce que Gibonoscio luy auoit enchargé, dequoy les nostres demourerent estonnez,

nez, voyans comme il auoit pleu à la
diuine prouidence d'induire ce
payen à parler au Roy pour noſtre
deffence.

Par ce moyen tout incontinent les
gardes furent oſtees de noſtre logis,
& le Pere Organtin renuoya ce Iacques à Gibonoſcio auecques lettres
de remerciement, lequel eut fort a-
greable ce deuoir, & repliqua que les
noſtres ſe pouuoient repoſer en tran-
quillité d'eſprit, neantmoins ceux de
noſtre compagnie cognoiſſant bien
l'inconſtance de Taicoſama ne laiſ-
ſerent de ſe tenir pres en tous accidens.

Quelqu'vn me pourra icy demander l'occaſion pour laquelle le Roy
ne voulut comprendre les noſtres
dans ſon arreſt, veu qu'ils preſchoient
l'Euangile, & auec tant de Colleges
& reſidences ſouſtenoient & aidoiét
ſpirituellement bien trois cens mil
ames. La reſolution de ceſte queſtion
ſe pourra recueillir du diſcours du
Roy auec Gibonoſcio : Mais pour

G

vray afin de l'entendre mieux ie diray maintenant, que la principalle occafion a efté la difpofition diuine qui depart fes trefors felon les profonds & impenetrables iugemens de fa fapience, & cognoiffant ce qui eft propre & conuenable pour le bien & aduancement de fes efleuz, auec vne paternelle benignité, ordonne les chofes à fa gloire : c'eft pourquoy voyant fa diuine Maiefté que le Seminateur de zizanie aux occafions predites auoit femé quelque different entre les fidelles, voulut auec fa toute puiffante main en tirer ce bien, qu'en recompenfant la bonne volonté, & les grands trauaux des Peres Cordeliers, il fift la grace de martire à fix qui fe trouuerent en Meaco, afin qu'auec leur fang & de quelques autres Chreftiens: cefte nouuelle vigne fe prouignaft, permettant que les cinq autres fortiffent du Royaume, & par ce moyen cefte petite femence de difcorde fut eftainte, laquelle fans doute euft peu apporter grand inconuenient.

Ce fut aussi vne grande providence de Dieu que l'arrest ne s'executast point contre les Iesuistes, d'autant qu'ayant esgard à la promptitude qui se recognoissoit generalement és Chrestiens de vouloir mourir pour la foy, & aussi à l'affection qu'ils monstroient auoir à ceux de nostre compagnie, si le Roy eust vsé de messme en nostre endroit, il s'en fust ensuiui vn grand remuement, & vn grand trouble des Chrestiens.

Mais si nous voulons regarder ce fait auec les yeux humains, ie dy qu'il y eut trois considerations, par lesquelles Taicosama ne voulut proceder contre les nostres: La premiere a esté la façon dont nous nous sommes comportez pour ne le point irriter, comme nous auons dit: ce qui l'auoit tellement gaigné, qu'aucuns Seigneurs nous firent offre de lieux pour faire residence dans leurs estats & Seigneuries, comme si tout à fait nous fussions reconciliez auec Taicosama.

La seconde fut la venue de l'Euefque pour le visiter quant il apporta
la responce du Viceroy de l'Inde O-
rientalle : ce qui luy lia totallement
les mains, comme lon a apris, & comme il le dist à Gibonoscio quant il
luy declara son intention, touchant
l'arrest susdit.

La troisiesme est le commerce
qu'il a auec les Portugais, qu'il esti-
ma estre de tel importance pour le
Iappon, qu'il donna permission aux
nostres de demourer en Nangasachy
& y tenir Eglises. Or luy sembla il
qui le rompoit, s'il eust generallement procedé contre nous.

Telles sont les occasions que le
Roy de sa propre bouche dist à Gibonoscio, & en enuoya aduertissement à Tarazauandono gouuerneur
de Nangasachy, & les gouuerneurs
de Court, par le commandement du
Roy luy en enuoyerent encor vn autre.

Vray est que l'industrie du Pere

Visprouincial auec les Seigneurs de
Court aida beaucoup en ceſt affaire,
par ce qu'il mettoit peine de conſer-
uer leur amitié, & d'iceux meſmes le
Seigneur ſe ſeruit comme d'inſtru-
mens à l'auancement de ſa gloire,
comme il s'eſt recogneu en Cicugendono & Gibonoſcio.

C H A P. V.

L E Roy ayant declaré ſa volonté
en ceſte affaire de la façon predi-
te, enuoya vne ordonnance à Fazamburo Lieutenant de ſon frere Tarazauandono en Nangaſachy, à ce qu'en
brief il euſt à faire amener les Cordeliers de Meaco, afin que de Nangoya ou il eſtoit, il les fiſt conduire
en Nangaſachy pour là eſtre crucifiez. Auec ceſte ordonnance arriua
auſſi celle des gouuerneurs de Court,

contenant l'intention du Roy &
commandement que de Nangasachy
on ne laissast passer aucun Peré pour
prescher l'Euangile, & qu'il ne per-
mist de faire aucune predication dás
l'estendue de son gouuernement,
comme Fazamburo eut receu ce pac-
quet, il fait appeller le substitut: Le
Pere Iean Rodrighez & deux autres
de la mesme contree, leur fist entendre la volonté du Roy, & enchargea
aux deux de Nangasachy qu'ils def-
fendissent rigoureusemét à tous Iapponnois d'aller à l'Eglise: qu'il ne se
fist aucune assemblee de Chrestiens,
ni aucune ceremonie exterieure dõt
les Payens se peussent apperceuoir:
par apres il recommanda fort au Pere Iean qu'aucuns des nostres n'allast
prescher ny fist aucune rumeur; car
faisant autrement il y auroit danger
que le Roy ne ruynast totalement les
Peres & les Chrestiens. Finallement
enchargéa au substitut d'aduertir les
trois Cordeliers demeurez en Nangasachy, que sans s'arrester au college

des Iefuiftes, ils fe retiraffent par le plus court à la flotte des Portugais, & qu'ainfi le falloit-il faire tant pour leur bien propre que celuy du Gouuerneur & de la Cité : que s'ils ne vouloient obeir de bonne volonté il les y forçaft, & priaft le Capitaine de les receuoir dans les Nauires, ou fi par cas fortuit quelqu'vn s'enfuyoit il le fift chercher & baillaft en garde au Seigneur du lieu ou il feroit trouué. Reuenu que fut le Pere Rodrighez de Nangoya il informa le Pere Vifprouincial, & les autres de tout ce que deffus, lefquels en furent touchez comme chacun peut imaginer. A cefte occafion ce Pere Vifprouincial fut contraint d'enuoyer vne inftruction à tous ceux de ces quartiers là, contenant l'ordre qu'il falloit tenir pour fecourir les fidelles, & que c'eftoit là le temps auquel plus que iamais ils fe deuoient tenir prefts à tous accidens : Et partant employaffent bon nombre de Meffes, de Ieufnes, & de difciplines pour obtenir de noftre

G iiij

Seigneur la force de resister vertueu-
sement aux assauts des ennemis.

Le substitut de Fazamburo mist à
execution ce qui luy auoit esté commandé touchant les Cordeliers, &
en outre fist vn baon à ce que sur peine de la vie aucun battelier ne les re-
passast en terre. Le Pere Visprouincial enuoya en outre conferer auec
les Seigneurs d'Arima & d'Omura
pour regarder quel ordre on deuoit
donner en ceste saison touchant les
nostres qui habitoient dans leurs terres & seigneuries. La responce de ces
Seigneurs fut qu'il leur sembloit bon
de s'accommoder au temps, & d'estre
vn peu plus retenus : mais neatmoins
qu'il falloit faire ce qui estoit requis
pour conseruer le Christianisme.

Le Seigneur d'Arima (dans la sei-
gneurie duquel estoit le seminaire)
ne voulut entendre à la permutation
que vouloit faire le Pere Visprouincial, que ceste maison de plus de cent
nourrissons fust transferee en Amacuza, & que les nouices qui estoient

en nombre de trente, lefquels dans fix
mois fe deuoient feparer paffaffent
d'Amacuza dans fon pays, ny ne fut
onc poffible luy faire changer d'opinion, encor qu'il y euft fi grand danger pour luy. Et monftra qu'il auoit
ce Seminaire tant à cœur, que partant
de Coray il enchargea à fon oncle
qui demouroit gouuerneur, que s'il
furuenoit quelque Edict de Taicofama, fur tout il aduifaft de conferuer
le Seminaire.

Auguftin entendit en Coray quelque bruit incertain de cefte perfecution, & pour en fçauoir la verité, enuoya vn homme au Vifprouincial
auec offre de le fauorizer en ce qui
luy feroit poffible : Autant en firent
les Seigneurs des lieux circonuoifins,
tant Chreftiens que Gentils, enuoyás
meffagers en pofte au Pere Vifprouincial pour fe condouloir auec luy,
& luy faire offre de ce qu'ils auoient
en leur puiffance.

CHAP. VI.

DEpuis que Gibonoscio entendit la volonté du Roy, il fist venir son Lieutenant de Meaco à Fascimo, & luy chargea qu'il print par escrit le nom des Chrestiens qui frequentoient familierement auec les Religieux de S. François, & luy en apportast la liste. Comme le Lieutenant fut de retour à Meaco, il manda ausdits Cordeliers qui luy enuoyassent le nombre de ceux qui hátoient en leur maison: on luy en enuoya iusques au nombre de huit vingts, la pluspart desquels n'estoient pas ceux que Gibonoscio eust voulu : Et d'autant qu'il sembla à ce Lieutenant que ce compte estoit par trop grand, il luy enuoya dire derechef qu'il ne vouloit que ceux qui negocioient auecques les Peres. A donc on porta à Gibonoscio vne liste de quarante

sept, ce que luy semblant encor trop
excessif voulut qu'on demandast à
ceux qui estoient escrits, s'il estoit
vray qu'ils fussent familiers des Cordeliers, & s'ils disoient que non,
qu'on les rayast s'ils disoient que ouy,
qu'il les fist signer de leur main.

Il arriua ie ne sçay comment que
vn des Sergeants du Lieutenant fut
saisi de toutes les deux listes, & alloit
demandant de la part de Gibonoscio
à chacun en particulier s'il estoit
Chrestien. Les Chrestiens estimant
qu'ils fussent recherchez pour le
martire respondirent tous hardiment
que ouy, & le signerent selon la coustume du Iappon. Cela fut vne preuue toute claire de leur foy: par ce que
ils auoient opinion que de tous ceux
qui signoient il n'en reschapperoit
vn seul. En fin le Lieutenant s'estant
resaisi des listes, sur tout le nombre en
choisist seulement douze.

Autre chose ne se remua en c'est
affaire iusques au trentiesme de Decembre, ce qui proceda du desir que

Gibonoſcio & les autres Courtiſanes
auoient de faire auecques le Roy
qu'il ny euſt ſeulement que les Cordeliers qui fuſſent chaſſez du Iappon:
mais ce Medecin Iaquin ne pouuant
l'endurer, alla le iour meſme trouuer
le Roy, qui eſtoit ſur le poinct d'aller
en Ozaca, & luy perſuada auec grandes raiſons de ne differer plus le cha-
ſtiment non ſeulement des Peres des
Philippines, mais auſſi de leurs com-
plices : ce qui meut le Roy de bailler
commiſſion tout de nouueau à Gibonoſcio d'executer l'arreſt deſſuſ-
dit, lequel commanda à ſon Lieutenant d'amener perſonnes en ſa maiſon les cinq Peres Cordeliers auec
les douze diſciples, afin que les autres
eſtans venus d'Ozaça, le commandement du Roy fuſt effectué. Ces mini-
ſtres s'acheminerent pour prendre les
deſſuſdits au logis des Cordeliers, &
comme ils appelloient les douze l'vn
apres l'autre ſur le roolle qu'ils a-
uoient, il en deffaillit vn appellé Mathias, lequel ſeruoit de deſpencier, &

à l'heure

à l'heure se trouua hors du logis, les Sergents commencerent à crier ou est Mathias, vien ça Mathias. Or y auoit vn voisin en la porte des Cordeliers aussi Chrestien, & portant ce mesme nom, lequel oyant crier Mathias, incontinent se presenta aux Sergeants, disant: voici Mathias, bien que ie ne sois pas celuy que vous recherchez, si suis-ie Chrestien & amy de ces Peres. Il suffit, dirent les Sergents, il n'est besoin de perdre dauantage de temps à chercher l'autre. Et ainsi menerent cestuy-cy, duquel auec vne sainte comparaison, il se peut dire, qu e *fors cecidit super Mathiam & annumeratus est cum vndecim.* Et luy rédant graces à Dieu d'vne telle aduenture la receut fort allegrement. Quát pour l'autre Mathias on ne le chercha plus.

Le dernier de Decembre, le Roy estant venu en Nozaca, ordonna que les Cordeliers & leurs compagnons qui estoient là arrestez comme nous auons dit, fussent enuoyez à

H

Meaco les gardes n'eſtans point encores oſtees de noſtre maiſon d'Ozaca, d'autant que le gouuerneur ayant
eſté aigrement repris du Roy, de la
negligence dont il auoit vſé, d'auoir
permis vne telle liberté aux Chreſtiens, n'ozoit les oſter ſans permiſſió,
encor qu'il euſt declaré que ſon intention n'eſtoit point de proceder
contre les noſtres, & partant ſe delibera d'enuoyer auſſi à Meaco le frere
Paul Michy auec Iean & Iacques,
qui eſtoient ces deux qui auoient
eſté mis par eſcrit comme nous a-
uons predit.

On ne ſçait pas ſi le gouuerneur
faiſoit cela pour ne donner point opinion d'auoir receu quelque preſent
des noſtres, ou bien ſi s'eſtoit à la requeſte de Faſcigaua ſon grand amy,
lequel vouloit auſſi que les noſtres
fuſſent punis.

Doncques au premier de Ianuier
nonante ſept, tous les deſſuſdits furent menez à Meaco, & comme ils
furent arriuez, le Pere Organtin en-

uoya conferer auecGibonofcio pour
voir, s'il y auoit quelque moyen de
deliurer les noftres, luy femblât eftre
fon deuoir de faire cefte diligence,
veu qu'ils auoient efté conftituez prifonniers par erreur du gouuerneur
d'Ozaca,fans que le Roy l'entendift,
ains contre fon vouloir & intention.
Gibonofcio refpondit qu'il eftoit
marry de ce malheur, où il ne voyoit
point de remede, d'autant que s'il en
auoit parlé au Roy, lequel croyoit
qu'il ny euft aucun Iefuifte en Ozaca,par aduenture s'en feroit-il mis en
collere, & de nouueau les auroit tous
condamnez à la mort.

Quelques autres Chreftiens ten-
terent de leur mouuement la mefme
voye, eftimans que ces trois mouruf-
fent contre la volonté du Roy, &
s'efforcerent auec or & argent de gaigner l'vn des officiers du gouuerneur d'Ozaca, lequel auoit en garde
Paul & fes compagnons : mais le Seigneur, qui auoit deliberé de faire cefte grace à ceux que fa Sapience a-
H ij

uoit esleuz, ne voulut permettre que
ce dessein reussist, & ainsi ce Sergeant
contre la coustume des autres, lesquels se gaignent à la veuë de l'argent, demoura inexorable & ferme
comme vne pierre. Le Pere Organtin sçachant cela en reprint ces Chrestiens à ce qu'ils ne s'accoustumassent
d'vzer de tels moyens, bien que d'autre costé il fust bien edifié de leur pieté. Paul aussi entendant comme toutes ces choses s'estoient passees sans
son consentement, remercia Dieu de
ce que l'affaire fust ainsi reussie, &
commençoit à bon escient à se pre-
parer. Il escriuit depuis aux mesmes
Chrestiens se complaignant de la
peine qu'ils auoient prise pour le deliurer en ces termes. Comment est cela l'amitié que vous me portez? Est-il
possible qu'au lieu de vous resiouir
& loüer l'infinie misericorde de Dieu
d'vne si grande faueur vous m'en
vouliez priuer?

CHAP. VII.

LE soir du deuxiéme de Ianuier
arriua vne lettre de Gibonoscio
à son Lieutenant, portant commissió
que le l'endemain il mist à executió
l'arrest contre les Cordeliers, & leurs
compagnons , & qu'il n'y comprint
point les trois Iesuistes, les laissant en
la garde de l'Huissier du Gouuerneur
de Ozaca, qui les auoit amenez. Frere Pol desirant de despendre le temps
& sa vie qui luy restoit à prescher la
parole de Dieu, comme ià de longue
main il auoit fait, commençoit à la
prison de discourir auecques les gardes, & auecques les prisonniers infi-
delles des misteres de la sainte Foy:&
particulierement de la Passion de Iesus Christ,& de l'excellence du martire, passát toute la nuict en ces saints
discours, dont il laissa les auditeurs

H iij

rauis de l'affection, & du zele auec
lequel il parloit; de sorte que deux
d'iceux furent conuertis, & luy pro-
mirent receuoir le Baptesme. Le lendemain matin, on lia les mains derriere le dos à tous les vingtquatre, &
furent menez à pied à vne ruë du
haut Meaco, & là leur couppa l'on à
chacun vn bout de l'aureille gauche:
ce que Gibonoscio fist faire, encores
que le Roy eust commandé qu'on
leur coupast les deux aureilles & le
nés, pour l'esperance que par aduenture il auoit qu'ils pourroient estre
deliurez. Les pieces des aureilles estát
iettées à terre par le bourreau, furent
recueillies d'vn Chrestien nommé
Victor, homme de grande qualité, se-
cretaire du Gouuerneur d'Ozaca, lequel auoit accompagné iceux prisonniers depuis ladite ville d'Ozaca.
Il les porta au pere Organtin, lequel
les ayant prises en sa main, espandit
beaucoup de larmes, en partie d'allegresse, en partie de compassion, &
dist : voila les premices des Iesuistes

de Iappon! voila le fruict de nos trauaux, les fruicts de noftre nouuelle
Eglife, lefquels en toute humilité ie
préfente au Seigneur; & y mefla autres paroles qui efmouuoient les affi-
ftans à plourer de pitié.

Apres que le couppement d'oreilles fuft finy, felon l'ancienne couftu-
me de Iappon, ils firent monter tous
les condamnez fur des charettes trois
à chacune charette : & à la derniere
eftoient les noftres enuironnez de la
garde du Gouuerneur d'Ozaca. Il y
auoit infiny peuple par les ruës aux
feneftres, & encor fus les couuertures
des maifons pour voir vn nouueau
fpectacle de perfonnes, defquels l'innocence eftoit cognue à tout le monde. Il y auoit deuant les charettes vn
tableau haut efleué fus vne piece de
bois, dans lequel eftoit exprimé le
crime qu'on leur imputoit, & la fentence contenoit ce qui enfuit.

Ces hommes pour eftre venus des
Philippines, fous tiltre d'Ambaffa-
deurs, & depuis auoir refidé en Mea-

co pour prescher la loy des Chreſtiens, qu'au precedent i'auois eſtroitement defendue, i'ordonne qu'ils ſoient executez à mort enſemble, les Iapponnois qui ſe ſont faits Chreſtiens: & à ce moyen ces vingtquatre ſoyent crucifiez en Nangaſachy. Derechef ie defens ceſte loy pour l'aduenir, & veux qu'vn chacun l'entende, commandant que ceſte prohibition & defence ſorte à ſon plain & entier effet, que ſi aucun ſe trouue ſi hardy d'y contreuenir, il en ſoit puny exemplairement auecque toute ſa famille, donné le premier an de Cheicio, le x. iour de l'onziéme lune.

Le Pere frere Pierre Baptiſte commiſſaire, braue capitaine de ſes ſoldats de Ieſus Chriſt, tát pour encourager les Chreſtiens, comme pour conſoler les autres Chreſtiens qui accouroyent là pour voir que c'eſtoit, alloit preſchant à haute voix tantoſt en Eſpagnol, tantoſt en langage de Iappon le mieux qu'il pouuoit, en s'aidant auecques l'affection

& les gestes. Frere François, & frere
Martin marchoient auecques grande
modestie & humilité, comme s'ils
eussent esté deuant le Tribunal de
Dieu, se recommandans auecques
grande deuotion à la diuine misericorde. Mais ce qui d'vn costé rem-
plissoit les spectateurs de larmes, &
d'autre costé donnoit grand merueil-
le, estoit de voir en ceste pompe trois
ieunes garçons, l'aisné desquels pouuoit auoir quatorze ou quinze ans,
& le plus ieune douze ou traize,
plains d'allegresse auecque visages
d'Anges, ayans les mains innocentes
liees derriere le dos, comme nous a-
uons dit: lesquels en marchant chan-
toient en grande resiouissance à haute voix le Pater noster, l'Aue Maria,
& autres oraisons. Il arriua au plus
petit nommé Loys vne aduenture
notable pendant qu'il estoit en la prison, par ce qu'vn Payen homme de
marque, luy proposa que s'il vouloit
renier Baptesme il le feroit deliurer.
Loys luy respondit : mais plustost

vous vous deuez faire Chreſtien,
d'autant qu'il n'y a autre moyen que
ceſtuy-là pour vous ſauuer. Or pendant que ces ſeruiteurs de Dieu
eſtoient conduits à Meaco, quelques
Chreſtiens meuz d'vn grand deſir de
les accompagner aux vituperes, &
aux tormens, prierent les ſoldats de
les mettre dans les charettes, afin de
mourir auecques ces vingtquatre, ou
aumoins qu'ils peuſſent participer à l'ignominie qu'ils enduroient
au nom de Chriſt, toutesfois ils ne
peurent obtenir cela.

Finallement ils furent remis en la
priſon, d'où ils eſtoient partis, &
comme ils furent deſcendus des charettes, Paul s'approcha des Peres
Cordeliers, & les ayant embraſſez a-
uecques grande humilité, les remercia fort de ce que ſous leur ombre il
auoit receu vne ſi grande grace de la
miſericorde de Dieu, dequoy les ſoldats & chartiers demeurerent fort eſ-
perdus, diſant entr'eux: quels gens
ſont ce icy, qui font tels actes? Et qui

sont les hommes au monde qui se
resiouissét ainsi de leur perte & ruine?
    Le lendemain au matin par com-
mandement du Roy, ceste braue es-
quadre fut mise sur cheuaux condui-
te à Ozaca, & menee par les ruës de
ceste cité en grande ignominie, de
mode que les Payens mesmes esmeuz
de compassion non seulement ne se
pouuoient tenir de plorer, mais mur-
muroient entr'eux, disans: ô la grande
iniustice! ô que voila vne chose des-
raisonnable! En fin ils passerent d'O-
zaca en Sacay, où encor pour plus de
honte ils furent promenez dans les
villes: Du depuis il se leua vn bruit
que le Roy vouloit aussi faire mourir
le Pere Organtin & ses compagnós.
Ceste rumeur causa vn tel remuement dans les Chrestiens resolus &
desireux de mourir auecques les nostres, que Gibonoscio fut contraint
de crainte de quelque grande reuol-
te, d'enuoyer vn de ses officiers de
maison en maison chez les Chrestiés
de Meaco pour leur dire de sa part

que le Roy auoit commandé qu'on
fift punir feulement les Cordeliers,
& leurs compagnons, & non pas les
autres dequoy iceux Chreftiens s'ap-
paiferent.

C H A P. V I I I.

AVant que de traiter du voyage
de ces prifonniers à Nangafachi, il m'a femblé bon de declarer le
fruit que noftre Seigneur retira de
cefte perfecution. Ie parleray feulement de quelques particuliers : car le
general fe peut recueillir de ce qui eft
efcrit cy deuant. Ie lairray là maintenant Sacondono auec autres Seigneurs dont ia i'ay fait mention, &
viendray au fecretaire du Gouuerneur d'Ozaca, nommé Victor. C'eft
homme de bien ayant fçeu que quelque petit nombre d'autres Chreftiés
deuoient mourir en la compagnie
des

des noſtres , voulut, non ſeulement
eſtre l'vn d'iceux : mais encor taſcha
que ſa femme & ſes enfans fuſſent de
la patrie.

Et à ceſte fin partit de ſa maiſon
qui eſtoit aſſez eſlongnée, pour ſe venir loger pres de la noſtre , ſurquoy
luy ayant eſté remonſtré qu'il ſe dé-
uoit contenter de mourir ſans tirer
auecques luy le reſte des ſiens , il reſ-
pondit qu'il ne pourroit acquerir
vn plus grand bien que de leur faire
abandonner la vie pour le nom de
Ieſus Chriſt. Au contraire eſtant ex-
horté de l'vn des noſtres à ſe conſer-
uer pour côfermer en la foy les nouueaux Chreſtiens encor tendres, Victor ſe reſſentit de ces remonſtrances
comme d'vne grande iniure, & en fin
monſtra en c'eſt accident aux noſtres
vn tel zele & affection, que dés le cô-
mencement il ſe vint rendre en noſtre maiſon, & y fut quaſi continuel-
lement nuict & iour iuſques au pe-
riode, qu'il partit en la compagnie de
frere Paul Michi, auquel il aſſiſta, &

I

en la prifon & dehors.

Il n'eſt ia parlé d'André Ongaſa-
uara auec quelle franchiſe il aduoüa
eſtre maiſtre de noſtre logis ſe met-
tant en danger de perdre ſa vie, che-
uance, & de toute ſa famille, ſi les ſer-
gents euſſent trouué ces deux peres
en ſa maiſon, le bruit eſtant eſpandu
qu'on deuoit auſſi faire mourir auec
les noſtres quelques vns du pays, il
en fut fort reſiouy luy ſemblant que
l'heure eſtoit venue d'acomplir la
volonté qu'il auoit de longue main,
& pour ce ſuiet s'eſtant mis vne ſainte querelle entre luy, Victor, & quelques autres à qui il appartiendroit
eſtre de ce nombre, il prouua auec
bons argumens que la prerogatiue
de ceſte bonne aduéture eſtoit à luy,
ne fut moins beau, ce qui luy arriua
de ſon pere d'où en outre ſe peut recueillir la pieté & religion de ceſte
famille. Ce bon ſeruiteur de Dieu
demeuroit auecques ſon pere (vieillard de viró quatre vingts ans, homme d'vn naturel Candide, & de no-

ble race) lequel pour eſtre nouuellement baptiſé n'auoit pas encor autrement acquis la plaine cognoiſſan-
ce de nos preceptes. Ce fut pourquoy
André ſe delibera dextremét luy deſ-
couurir les nouuelles qui couroient
en Ozaça, afin que luy auſſi ſe tiñt
preſt à tous accidens, & luy diſt en ceſte maniere : Mon pere, vous ne ſça-
uéz pas encor que c'eſt que le martyre, ie le vous diray : l'vne des plus grá-
des graces qué noſtre Seigneur face à
ſes ſeruiteurs, c'eſt de les honorer de
ce tiltre pour la confeſſion de la foy
Chreſtienne, de laquelle ils rendent
teſmoignage és tourmens, briſement
de membres, & en la mort meſme,
partant il eſt raiſonnable que ceux
qui aſpirét à ſi haut prix, ſe diſpoſent
auec grand patience de receuoir des
ennemis en l'honneur de Chriſt, tout
affront, toute perte, & tout dommage. A ces parolles le vieillart reſpon-
dit en changeant de couleur : O gar-
çonneau me viens tu tenir ce langage? Vn homme ſe lairra donc tuer

laschement par des meschans? ou bié
voyant mal traicter les Peres spiri-
tuels se tiendra il les mains à la cein-
ture? Ne seroit-ce point vne grande
couardise? le bon vieillard portoit ordinairement selon la coustume du
pays vn poignart: mais ayant ouy cela, il se ceignit encor son espee, & ainsi armé & plain de despit commença
de brauer & dire, lors que ces meschans viendront pour occire les Peres, ie les combatray iusques à ce que
mon espee soit en pieces, & que i'aye
perdu le bras, & alors s'ils me tuént
apres auoir vaillamment combatu,
ie mourray martyr. Et se leuant sur
pieds maintenant il s'escrimoit de
son espee, maintenant se rebrassoit les
bras, l'autre fois il se replioit sur les
hanches, & faisoit autres gestes de
personnes qui s'apprestent à côbatre.

André voyant que le vieillart
estoit peu capable de la doctrine,
tenta vn autre moyen pour le retirer de la maison, à ce qu'il ne luy ar-
riuast quelque inconuenient: Et en

fin auec le respect qui luy deuoit, luy
dist: mon pere vous sçauez que nostre maison est assez recogneuë en
Iappon pour l'office qu'elle a d'en-
seigner la police de la court. Or
maintenant que ie suis resolu de
mourir, ie vous prie qu'auec mon fils
le plus ieune vous vous retirez en
quelque lieu plus seur, à ce que nostre discipline & nostre lignage ne se
perdent. Mais le vieillart irrité de tel
lágage recóméça de luy dire, ô que tu
es ignorant! As tu à me donner vn
tel conseil? Te semble il qu'il soit raisonnable qu'vn ieune homme meure
deuant celuy qui est decrepit de vieil-
lesse? de quelle grace pourrois-ie có-
paroir deuant les hommes, si ie con-
sens à telle chose? quelle pourroit
estre ma vie auec ceste reproche?
Donc si pour la conseruation de ta
famille tu te veux cacher, faits le à la
bonne heure. Quand à moy apres a-
uoir rompu la teste à mes ennemis, ie
veux mourir martir. André demoura fort melencolic de ceste responce.

L ij

mais en fin Dieu le voulut consoler,
d'autant que ce vieillart voyant auec
quel courage sa bru cousoit certains accoultremens pour elle, &
pour sa belle mere accommodez
pour mourir honeſtemét à la Croix,
meſmement que les autres eſtoyent
empeſchez en la maiſon à raſſembler
leurs chappelets & reliqueres, entendant aussi comme ſes domeſtiques diſ-
ſoient ſouuent: Beniſt ſoit le Seigneur
qui nous a conduis en ce poinct, demanda quel apreſt c'eſtoit là, il luy
fut reſpondu qu'ils mettoient ces li-
urees en ordre pour le ſaint martire.
S'il eſt ainſi, dit le vieillart, ie veux
auſſi mourir auec vos autres. Et ayát
ietté l'eſpee bas, print vn chappelet à
la main, & commença à le dire deuot-
tement, telle fut la fin de l'acte.

Ie laiſſe maintenant pour briefs
ueté pluſieurs autres gentilshommes,
leſquels tant de bouche que par meſ-
ſages faiſoient entendre leurs ſaintes
reſolutions, de donner la vie pour
l'honneur de Chriſt, ſi le Roy perſe-

eutoit les nostres & les fidelles, & suffira de dire que ceste sainte feruenr
vient à tel poinct & des hommes &
des femmes, que ceux de nostre compagnie furent forcez de les prier de
se tenir coy, & de ne se descouurir iufques à ce qu'on les demandast, d'autant que s'ils faisoient autrement, il y
auoit à craindre que le Roy ne le
sçeust, & eust plus de despit, lors qu'il
voirroit tant de personnes si honorables deuenir Chrestiens. Que s'ils
estoient recherchez des officiers de
Taicosama, alors libremét ils se con-
fessassent d'estre Chrestiens, prests
neantmoins de seruir le Roy en tout
ce qui ne seroit point contraire au
seruice de Dieu, & à la sainte foy.

De ce qu'aucuns seigneurs firent en
ce temps en Meaco.

CHAP. IX.

INcontinent que le Pere Organtin
fut arriué à Meaco, il enuoya vn

I iiij

de nos freres à Iuste pour l'aduertir
de l'intention du Roy, dont il reçeut
vn tel contentement qu'il fut comme
hors de foy, pour l'esperance qu'il
auoit de mourir auec les peres, de
forte qu'incontinent il monta à cheual, & s'en alla à Fuscimo pour prendre congé de Cicugendono, duquel
il auoit le plat, c'est à dire, son ordinaire. Là arriué, il se retira en vne
chambre à part auec ledit Seigneur,
& luy descouurit sa resolution, luy
faisant present de deux vases plaines
de ceste liqueur, dont on fait tant de
cas en Iappó, appellee Cia, de valeur
de quatre ou cinq mil escus, afin que
apres sa mort il en disposast à sa volonté. De ces paroles Cicugendono
demoura comme estonné, & en fin
luy dist: i'admire voftre cóftáce, mais
fçachez que i'eftois present quant le
Roy entra en colere contre les Peres, qui fut seulemét contre ceux des
Filipines, & leurs fauteurs : partant
fi vous eftes de ce nombre, il y aura
de l'affaire à vous deliurer, mais non

pas pour estre simplemét Chrestien.
Vous dites cela, monsieur, repliqua
Iuste, pour me donner courage.
Croyez le asseurémét, dist Cicugendono, d'autant que le Roy de sa propre bouche declara expressémét que
il ne vouloit proceder contre les Iesuistes.

Auec ceste response Iuste se contenta: & prenant congé fut accompagné
du mesme Seigneur iusques à la premiere salle, où en presence de plusieurs hommes il luy reitera les mesmes parolles.

Il s'est escrit l'an passé qu'entre les
principaux de la Court, deux des fils
du gouuerneur Chenefoin, l'vn des
mignons du Roy, auoient receu le
saint Baptesme, & qu'il a pleu à la diuine bonté les rendre si fermes en la
foy, qu'ils sont tenus pour patrons &
coulonnes entre les Chrestiens. L'aif-
né, qui s'appelle Paul Sacondono aagé de vingt ans, est ià par lettres du
Roy pourueu à l'estat de son pere, &
outre luy a donné la Capitainerie

d'vn des principaux Chasteaux du Royaume de Tamba auec vne bonne pension. Estant donc Pol en ce chasteau, il entendit comme le Roy auoit fait constituer prisonniers tous les peres (comme le bruit s'augmente tousiours) & outre qu'il auoit fait ramener l'euesque qui ià s'estoit mis en chemin : à ceste occasion il enuoya vn de ses seruiteurs en Ozaca, & vn autre en Meaco distát de cinq lieües pour en sçauoir la verité. A ce dernier il enchargea de seiourner, afin que de iour en iour il luy donnast aduis par le menu, de ce qui se passeroit, apres discourant en son esprit, comme il pourroit sans empeschement paruenir à la couróne de martyre ; il s'aduisa d'vn bon moyen, qui estoit d'aller trouuer son pere a Fussino, auec huit de ses plus asseurez, & vaillans seruiteurs, & luy dire, pour euiter à tout soupçon, qu'il alloit en Ozaca visiter son beau pere Seigneur du Royaume, & là quand les nouuelles se trouueroient veritables,

se loger & attendre la fin de tout ce
negoce. Mais par apres confiderant
qu'il ne pourroit paruenir à fon def-
fein, s'il fe prefentoit au martire auec
fon accouftrement ordinaire, quelque confeffion qu'il fift d'eftre de nos
difciples, par ce qu'il ne fe trouueroit
aucun miniftre de Iuftice fi hardy
qui ozaft mettre la main fur luy, il fe
refolut de fe razer la barbe, & prendre vne robbe de clerc, efperant que
fes feruiteurs qui eftoient bons Chreftiens en feroient de mefme. Du
nombre d'iceux y en auoit vn qui a-
uoit receu le faint Baptefme depuis
trois fepmaines, & par ce que Paul
n'eftoit pas encor bien affeuré de fa
conftance, il luy auoit dit fecrettemét
qu'il luy donnoit congé de fe retirer
en fa maifon, d'autant qu'il ne pouuoit pas bien fçauoir que s'eftoit que
de mourir pour Iefus Chrift. Le feruiteur luy fift refponce, que me dites
vous Monfieur? Ie recognois qu'il
ny a pas long temps que l'Euefque
m'a baptizé, mais par la grace de

Dieu ie sçay bien de quelle importance est le salut de l'ame. Partant si le martire est le plus court chemin pour paruenir au Ciel, ie ne faits non plus conte de ceste vie que ie ferois d'vne poignee de cendre. Saçondono reçeut vn grand contentement de ceste responce, & donna six vingts dix escus à ce seruiteur pour aider à sa petite famille. De là se retirant en vne chambre à part, se ietta à genoux deuant vn saint image du Crucifix, & de tout son cœur se recommanda à Dieu, suppliant sa Maiesté diuine de l'enrooller sous l'enseigne de ses bons gendarmes.

Viron ce temps, il escriuit quelques lettres pour enuoyer à ses parés, & à ceux qui l'auoient nourry, dont la teneur estoit, qu'estant Chrestien & ayant entendu qu'on faisoit mourir les Peres Iesuistes, il auoit deliberé de mourir en leur compagnie : Et afin qu'on ne pensast pas qu'il mourust par quelque caprice ou legereté, il auoit voulu laisser ces lettres, les priant

priant que les obſeques qu'ils vou-
droient luy faire fuſſent conuerties à
ſoy faire Chreſtiens, & qu'alors ils
entendroient plainement la cauſe de
ſa reſolution.

Dauantage, pour ſoy mieux appreſter auec l'aide de la ſainte confeſſió,
il s'en alla ſecrettement à Meaco, où
eſtant viſité d'vn de nos freres de la
part du pere Organtin, il diſcourut
de ſon intention, & luy diſt: iuſques
icy i'ay eſté Chreſtien plus de nom
que de fait: mais i'eſpere auec la grace de Dieu pour l'aduenir m'amen-
der à bon eſcient, & viure comme il
appartient. Que ſi i'y fais faute, ie
vous prie me punir aigremét au partir de Meaco: il voulut s'accópagner
d'vn Ieſuiſte (ne ſçachant encor s'ils
pouuoient eſtre en aſſeurance en la
ville)afin qu'auec ſa conuerſation,&
en receuant ſouuent le S. Sacrement
de penitence, il fuſt renforcé à tenir
vne vie vertueuſe & Chreſtienne.

Cependant arriua le meſſager, qui
auoit eſté enuoyé en Ozaca, lequel

K

raporta la verité de l'affaire. Lors Pol
se voyant frustré de son esperance,
print autant de desplaisir, qu'au precedent il auoit de contentemét, comme il apparoist en ce que par apres il
escriuit au pere vice Prouincial, &
quelques autres des nostres. Or cecy
suffira pour le fait de Sacódono. Ve-
nons maintenant à son frere Constátin, & à Michel leur cousin.

Le mesme iour que les nostres eurent nouuelles de Ozaca, comme le
Roy auoit fait vn edit pour faire
mourir les peres, arriuerent aussi en
nostre logis lesdits Constátin & Michel, qui alloiét au chasteau de Tamba. Et entendans ce qui se passoit dirent : O que fort à propos nous nous
sommes icy trouuez! à ce coup nous
mettrós peine d'estre au nombre des
Martyrs, encor que nous soions indi-
gnes d'vn si grand benefice. Et partát
ne se soucians plus d'aller à Tamba,
ou estoit Sacandono, ne à Fuscimo,
où estoit Genefoin, logerent à vne
pauure maison à Meaco, pres de la

noſtre, pour voir s'ils pourroiét paruenir à leur deſſein. Et là le pere Organtin, leur enuoya & à quelques autres Gentilshommes qui y eſtoient
retirez, vn des noſtres pour les con-
firmer en ceſte bonne deliberation,
lequel leur fiſt de ſi belles remonſtrá-
ces, que leuans les yeux au Ciel ils
furent tellemét enflammez de la grace de Dieu, qu'ils rendoient graces à
noſtre Seigneur Ieſus Chriſt de l'occaſion qu'il leur preſentoit d'acquerir vne palme ſi excellente.

   Peu apres (comme en tel cas il ad-
uient ordinairement) il s'épandit vn
autre bruit, que l'arreſt n'eſtoit point
encores donné contre les Chreſtiés:
mais qu'il eſtoit à craindre qu'aucuns enuieux de Geneſoin ne s'aidaſ-
ſent de ceſte occaſion pour l'accuſer
au Roy, comme ayãt deux de ſes enfans qui auoient reçeu Bapteſme: ce
que Conſtantin ayant entendu, ſe reſolut d'aller vers ſon pere luy declarer qu'il eſtoit Chreſtien, & par vn
meſme qu'il eſtoit deliberé de mou-

rir pour la foy de Iesus Christ auec
son maistre le pere Organtin : de sorte qu'ayant au matin pris le chemin
de Fuscimo il y arriua fort à propos,
à l'heure que Ghenefoin sortoit de la
maison pour aller au palais : Là le
pere & le fils se retirerent à quartïer,
& Constantin luy descouurit le tout,
dequoy Ghenefoin qui l'aymoit in-
stamment, cuida se pasmer, & l'ayant
ramené en la maison, luy dist : ie ne
sçauois pas certainement que tu fus-
ses Chrestien, mais pour maintenant
ne te donne de peine du Pere Organtin, par ce qu'il n'est pas compris
en ceste condamnation : Neantmoins
ie t'aduertis que si sa Maiesté entend
qu'il presche & baptize, il n'est pas
hors de danger. Dauantage si le Roy
commande qu'on face mourir les
Chrestiens, ne pense point qu'il soit
en ma puissance de te pardonner : car
nous auons assez d'exemples tant an-
ciens que modernes, comme les Peres
par le commandement des Roys ont
fait perdre la vie à leurs enfans. A

quoy Constantin repliqua, disant:
s'est iustement ce que ie demande, &
ce que ie me suis descouuert à vous
d'estre Chrestien, n'est pas pour me
sauuer la vie, mais s'est afin que puis-
siez vous garder qu'il ne vous en ad-
uienne dommage. Comme Ghenefoin eut entendu cela, il luy commanda de l'attendre, & qu'apres ils en de-
uiseroient plus amplement. Il alla
donc au palais, & s'informa fort cu-
rieusement des trois autres gouuerneurs, en quels termes estoit ceste affaire: mais n'en descouurant rien au
certain, s'en retourna à la maison, où
ayant tiré sa femme à costé, (laquelle
ne sçauoit rien de tout cela) l'aduer-
tit de l'opinion de Constantin, luy
declarant que s'il arriuoit que le Roy
eust en fantasie de faire mourir les
chrestiens, quand à luy il feroit mourir son fils de sa propre main, deuant
que d'en receuoir le commandemét,
& que cela arriuant il falloit qu'elle
mist bas ceste pusillanimité femini-
ne, & se monstrast d'vn courage vi-

K. iij.

ril: mais à peine eut il acheué ce propos, que vaincu de l'amitié paternelle, il commença de plorer ameremét
& se plaindre de son fils, l'appellant
cruel & inhumain.

Ce pendant il sembla à Michel
(-que Constantin auoit laissé à Meaco) que son cousin estoit trop long
temps en Fuscimo: parquoy il en partit tirant le mesme chemin: Et comme il fut arriué à la maison de Ghenefoin, sa tante le retira secrettement
en vne chambre, pour luy faire les
complaintes de son fils, lequel s'e-
stoit fait baptizer, & par vn mesme
luy recita le courage & les menaces
de son mary, & encor luy descouurit
l'extresme fascherie qu'elle en rece-
uoit. Quelle vie sera-ce que la mienne, disoit-elle, quand i'auray perdu
mes chers enfans, lesquels par leur
gentillesse & accortisse sont cheris &
prisez de tout le monde? Et si mon
contentement deppend tellement
d'eux que iour & nuict, comme fleurs
plaisantes & roses vermeilles, ie me

les represente deuant les yeux, que
feray-ie miserable! les ayans perdus?
O quelle douleur me trauersera le
cœur, quand on me viendra dire vne
nouuelle si estrange, que les mains du
propre Pere auront espandu le sang
de mes enfans? Helas! commét pourra mon esprit me soustenir dauantage la vie? Auec ces parolles elle se
mist à griefuement plorer, si que d'v-
ne deffaillance de cœur elle se laissa
tomber esuanouye sur Michel, lequel
demoura si esperdu de voir cela, que
luy mesme se mist à plorer : mais par
apres estant reuenue à soy, & se con-
traignant il dist à sa tante, consolez
vous, Madame, par ce que la condamnation ne regarde point vostre
fils mon mary me l'a dit, respond elle,
& cela me donne encor quelque esperance. Alors voyant Michel qu'elle reprenoit courage, il continua &
dist; Madame, vous ne deuez vous
tant affliger, bien que Constantin
deust endurer la mort, d'autant que
cela arriuant non pour crime ou mes-

K iiij

chanceté aucune , mais feulement
pour l'amour de Dieu , vous en deuez receuoir vn grand contentemét,
Il eft trop vray, dift-elle, & fans doute, c'eft vne chofe loüable que ce ieune homme en la fleur de fon aage face tant d'eftat de la vie future, qu'il ne
tienne conte de la prefente. Et moy
qui ay ià les cheueux blancs , n'ay
point encor apris le chemin de falut:
mais ie vous prie, dites moy, pourquoy eft-il pluftoft aheurté à vne loy
eftrangere & deffendue du Roy, qu'à
tant de fortes de celles qui font en
Iappon fa patrie? Par ce, dift Michel,
que celle qu'il a choifie va à falut, &
les autres vont à perdition. En fin, dift
la tante , ie feray contente pourueu
qu'il ne meure : & de grace priez le,
qu'il fe trouue en Tamba auec fon
frere, iufques à ce que cefte tempefte
fe paffe. Et de ma part ie foliciteray
tant que ie pourray Ghenefoin , à ce
que le Pere Organtin maiftre de
Conftantin foit deliuré de tant de
peines & trauaux.

Cela estant passé, Constantin & Michel retournerent à Meaco, où apres s'estre côfessez au pere Organtin, ils reçeurent selon leur desir le saint Sacrement de l'Eucharistie, en fin apres y auoir seiourné quelque temps & voyant que l'affaire des nostres reüsissoit autremét qu'ils n'eussent pensé, s'en retournerét à Tamba, duquel lieu ils escriuirent tous deux au pere Viceprouincial, se complaignans de leur peu d'heur, & le prians qu'en ses oraisons il les recommádast au Seigneur Dieu, à ce qu'il luy pleust à vne autre occasion les receuoir au nombre de ses glorieux cheualiers.

Deux autres Gentilshommes qui estoient logez à Meaco auec les dessusdits, estans venus de quatre iournees de distance pour receuoir le S. Sacrement du chresme, voyant que leur dessein de mourir pour la foy ne venoit à effet, s'en retournerét en leur pays, laissans charge que si d'auenture on apperceuoit quelque chose côme les peres, promptement on leur

mandaſt, ayant deliberé de participer
à vne ſi heureuſe fortune. Et l'vn
d'eux ſi toſt qu'il fut arriué en ſon
pays, voulut qu'en ſa maiſon on fiſt
l'oraiſon des quarante heures : & là
s'amaſſerent tous les fidelles du pays,
qui eſtoient en grand nombre, leſquels monſtrerent l'affection qu'ils
portoient aux Ieſuiſtes, & le zele
qu'ils auoient au bien commun.

En ceſte bourraſque Iean couſin,
de Conſtantin ſe monſtra de pareil
courage, n'ayant encor que ſaize ans,
& fiſt paroiſtre qu'en l'obſeruation
de la loy de Ieſus Chriſt, il ne luy
eſtoit en aucune choſe inferieur : de
ſorte qu'ayant entendu le danger auquel eſtoient nos peres, promptemét
il ſe vint rendre à noſtre logis, afin de
nous tenir compagnie à vne mort ſi
glorieuſe.

Au meſme temps ſe trouua vn bon
Chreſtien à Meaco, lequel auoit vn
fils nommé Thomas, de l'aage de ſaize ans, demourant à trois iournees de
ſon pere, lequel eſcriuit à ſondit fils,

la resolutiõ qu'il auoit prise de dõner
la vie en l'honneur de Iesus Christ.
Et partant luy delaissoit en son testa-
ment certaines sommes de deniers,
& quelques meubles n'estãt que me-
diocrement riches. Le ieune homme
reçeut vn grand plaisir de la resolution de son pere, mais il ne trouua
pas bon de perdre le Ciel pour acquerir vn heritage en la terre, & dist
ainsi, si les Gentils, selon la coustume
de Iappon, tiennent pour grand vergongne que se presentant l'occasion
le fils face refus de mourir à la compagnie de son pere, comme pourroit
il abandonner le sien, qui certainement le deuoit conduire au Ciel? &
partant il continua en ceste resolution, & que de luy incontinent il iroit
trouuer, & suyuroit son exemple.

On pourroit mettre au nombre de
ceux-ci Cangiurandono, lequel depuis peu s'estoit fait Chrestien, &
neantmoins d'vne ferueur extraordinaire se monstra prompt & appre-
sté à exposer sa vie pour la foy. Sa

femme auſſi & autres de ſa maiſon
baptiſez par l'Eueſque, ſe preparerét
d'eſtre crucifiez. Vn autre Cheualier
ſemblablement auec ſa femme & ſes
enfans, ſe reſolurent de venir à Meaco, pour mourir auec les noſtres, ou
bien pour leur tenir compagnie s'ils
eſtoient enuoyez en exil. Madame
Grace, Princeſſe de Tango auec ſes
Damoiſelles, appreſtoit les veſtemés
neceſſaires pour receuoir la mort en
la Croix, & s'y diſpoſoit d'vn courage ſi aſſeuré que à quelque heure que
elle auroit ouy nouuelle que les Ieſuiſtes deuſſent mourir, (quant il ſeroit minuit, ſe diſoit-elle) elle fuſt
couruë nuds pieds auec ſes Damoiſelles, pour arriuer la premiere au ſup-
plice : mais il ſuffira d'auoir remarqué ceux-ci, & autres ſemblables, i'a-
iouſteray ſeulement vn article de la
lettre de François le Blanc, lequel, a-
pres que les gardes eurent eſté miſes
en ſa maiſon, eſtant à vn ſien amy ce
qui enſuit.

Nous ſommes icy attendans chaque

que iiour de receuoir la mort pour
l'honneur de noftre Seigneur, & parmy cela nous nous trouuons fort con-
folez, voyant principallement les
Chreftiens auec vn grand courage
porter regret, de ce que les bourreaux leur donnent tant de relafche.
Et ce qui eft le plus efmerueillable,
c'eft qu'aucuns de Fufcimo, & des
montaignes fort eflongnees, arriuent
& difent, que fi les Chreftiens meu-
rent pour l'honneur de Chrift, eux
auffi eftans de ce nombre veulent
mourir: nous autres ne pouuons parler auec eux. I'ay honte de moy-mef-
me, voyát qu'vne nation fi nouuelle
à la foy face fi peu d'eftat de la mort
pour l'honneur de Dieu. Voila ce
qu'efcrit le Pere, vray eft que ce defir
de mourir n'eftoit pas en tous, ains
aucuns fe font monftrez refroidis,
autres fe font cachez: mais nous n'a-
uons point recogneu, que durant ceft
orage aucun ait demonftré figne de
apoftafie fors trois, & encor exterieu-
rement pour euiter le danger: chofe

L

qui les excuſe aucunement pour eſtre
nouuelles plantes fichees en plain
hiuer de la gentilleté retournós aux
priſonniers.

CHAP. IX.

APres qu'auec la vergongne cy
deuant recitee, on eut promené
ces ſeruiteurs de Dieu par les ruës de
Ozaca, & de Sacai, Taycoſama ordonna qu'ils ſeroient conduits par
terre à Nangazachi auecques patentes, par leſquelles eſtoit mandé que
de place en place on leur baillaſt eſ-
corte de ſoldats, & fourniſſement de
leurs neceſſitez iuſques à Naugoia,
auquel lieu Fazamburo les deuoit
prendre en ſa charge, & les conduire
à Nangazachi, l'occaſió pour laquelle Taicoſama voulut qu'ils fuſſent
menez par terre, veu qu'aiſément il
le pouuoit faire par mer, fut le deſſein

de donner d'auantage de terreur aux
peuples, par lefquels ils auoient à tra-
uerfer, y ayant depuis Meaco fix cés
mil de terre ferme, à ce qu'aucun ne
fuft fi hardy de receuoir le S. Baptefme, ou receler les peres pour l'aduenir.

Ils partirent donc de Sacai le ix.
Ianuier mil cinq cens nonante fept,
conduits toufiours de foldats, l'vn
defquels marchoit deuant portant
vne lance auecques vn petit tableau,
& la fentence, comme nous auons dit
cy deffus, lequel fans parler publioit
le crime ià prefenté à ces innocens.

Les mefaizes qu'ils eurét en ce chemin furent tels que peuuent endurer
au cœur de l'hyuer aux extrefmes
froids, glaces & neiges, pauures gens
mal veftus & condamnez à la mort.

Vray eft que les payens, aufquels on
les deliuroit par chacun iour, vfoient
en leur endroit de beaucoup de cour-
toifies & humanitez, les vns par cõ-
paffion de leur innocence, les autres
de crainte d'eftreblafmez, fi par mort

L ij

ou autre accident quelqu'vn d'iceux
n'eut esté represété. Et à ceste occasió
les fournissoiét de móture, & de certains sieges qu'à l'vsance du pays
deux hommes portent sur leurs espaulles quant il en est necessité, par
ce que bien souuent pour auoir dauantage de merite ils alloient à pied,
comme il estoit aisé à voir aux enflu-
res qu'ils auoient aux iambes.

Cependant le pere Organtin enuoya vn Chrestien de Meaco, nommé Pierre, homme vertueux, afin de
assister aux nostres, ensemble de l'argent pour subuenir à leursdites ne-
cessitez, & de leurs compagnons. Vn
autre encor appellé François Buche-
ron, pour l'affectió qu'il portoit aux
peres Cordeliers, voulut tousiours
leur assister. Ceux-ci donc, par ce que
ils conferoient libremét auecques les
prisonniers, & les seruoient, furent
quelques iours apres arrestez par les
soldats qui les liurerét à ceux qui ra-
cueilloient. Les Chrestiens pour les
mener à Nangoia. Dequoy tant s'en

faut qu'ils fuſſent faſchez, eſtans partis de Meaco auecques vn deſir que
tel heur leur arriuaſt, qu'au côtraire
ils ſe reſiouyrent grandement, rendât
graces à Dieu de tant de benedictiô.
Ainſi s'acheminerent auecques vne
ſainte allegreſſe renforcee d'oraiſons
deuotieuſes, & d'autres ſuffrages
plains de pieté : ayant dauantage vn
extreme deſir de receuoir le S. Sacrement de l'Euchariſtie, comme l'eſcri-
uirent le Pere Pierre commiſſaire au
Recteur de noſtre college en Nangaſachi, & frere Paul au Pere Viſprouincial en ces termes. Nous n'auons
autre deſir en ceſte vie que de nous
pouuoir confeſſer & communier
vne fois auant que d'arriuer à Nangaſachi : par ce que nous doutons que
par apres il n'en ſera plus temps : & ne
pouuons rendre compte de nos con-
ſciences aux Peres Cordeliers, d'autant qu'ils n'entendent ceſte langue,
ce nous ſeroit vne grande conſolation ſi le P. François Patio eſtoit icy.
   Ces eſprits eſtans ainſi preparez
L iij

estoient en outre encouragez des
saintes exhortations, que l'vne fois
frere Paul faisoit aux Iapponnois,
Autresfois par truchemens les Peres
Cordeliers, pour offrir de tout leur
cœur leurs personnes à Dieu, & à recognoistre vne si grande grace de sa
bonté diuine, comme mieux se pourra voir par le discours que frere Martin leur fist en chemin. Lequel fut
trouué dans le sein de l'vn de ceux
qui furent crucifiez, depuis traduit
en langage Iapponnois, voici ce qu'il
contient.

Freres, nous auons à penser en nous
mesmes, comme nous sommes gráds
pecheurs, & ne recognoissons pas
combien est grande la grace que le
bon Dieu nous fait icy auecques vn
peu de douleur. Beaucoup des saints,
& speciallement S. François ont mis
toute peine à rechercher la couróne
du martire, & neantmoins n'ont peu
y paruenir: maintenant Dieu nous la
presente, & non pas vne commune,
mais celle de la Croix, les Apostres

estoient fort aimez de Christ. Toutesfois il ny en a eu que deux ou trois
qui l'ayent peu obtenir de ceste sorte.
Car des autres Saints, les vns ont esté
decollees, les autres plógez en chau-
dieres bouillantes, les autres rostis,
autres iettez dedans des estangs gla-
cez, autres hachez en mille morceaux, autres sciez par le milieu du
corps, autres iettez du haut des montaignes & precipices, qui ont esté de-
chirez des roches & pierres pointues,
& en fin les vns d'vne façon, les autres d'vn autre ont rendu l'esprit au
Createur.

Mais à nous, qui ne le meritons
pas, ce presente auiourd'huy l'estandart auquel le mesme fils de Dieu en
mourant à voulu rachapter le genre
humain, qui est vne faueur si signal-
lee & si grande, qu'elle surpasse l'en-
tendement des Anges. Partant dispo-
sons nous d'endurer auecques patience tous les tourmens que les
bourreaux nous pourroient faire,
nous armant de la memoire de la

gl... oje ...e paſſion du Sauueur, lequel pur & net de tous pechez à voluntairement pour noſtre ſalut, embraſſe toutes ſortes d'ennuis & de tourmés.

La miſericorde que Dieu nous fait maintenant eſt infinie, d'autant que pour vn ſeul peché mortel meritant les peines eternelles & inſupportables de l'enfer, il s'eſt contenté de ceſte-ci qui durera peu, & paſſera incontinent: mais d'autát que l'homme de ſoy eſt debile, & ne peut ſupporter choſe aucune, nous deuons auecques humilité requerir la grace du Ciel de tout noſtre cœur. Donc ayans recours à la treſſainte mere de Dieu aduocate des pecheurs, au glorieux S. François, à l'Ange qui nous garde, & à tous les ſainćts de Paradis, à ce qu'ils intercedent pour nous: voila en ſomme ce que diſt frere Martin, auecque vne grande conſolation de ceux qui l'entendirent.

Ie laiſſe pour fuir à prolixité beaucoup d'autres choſes d'edification en ce voyage: ie diray ſeulemét que telle estoit l'alegresse, la patience & l'humilité que ceste sainte compagnie monstroit en ce dernier acte, que chacun en estoit esmerueillé, & les Bonzes mesmes disoient, que c'estoit là le vray moyen d'augmenter la loy Euangelique.

De quelques persecutions qui au mesme temps s'esleuerent contre le Christianisme.

CHAP. XI.

OVtre la deffence que fist Taicosama, que l'Euangile ne s'augmentast, sur peine aux contreuenans d'estre punis, & tous leurs domestiques : Aucuns Seigneurs payens, soit ou de peur du baon du Roy, lequel pour peu d'occasió, confisque l'estat de quelque grand Seigneur qui soit, ou bien pour la mauuaise affection qu'ils portoiét, se resolurent de faire retourner à l'idolatrie tous ceux lesquels dans leurs seigneuries auoient receu la sainte foy.

Le Gouuerneur de Facata estoit
l'vn de ces meschans, fort familier de
Taicosama; cestuy-ci auec rigoureu-
ses menaces, enioignit aux Chrestiés
de ses terres, qui estoient iusques au
nóbre de mil, de renier Iesus Christ,
& luy porter tous leurs chappelets, &
d'attacher aux portes de leurs maisons vn petit tableau, dans lequel ils
ont accoustumé d'escrire le nom de
leur idole auec certains autres mots;
estans si fols qu'ils croient que ces ta-
bleaux ont vertu cótre le feu, les ma-
ladies & choses semblables : Quoy
voyant les parés des Chrestiens, pour
la crainte du Tyran leur conseilloiét
mal-heureusemét d'obeir à l'edit du
Roy, pour le moins d'en faire semblant. Mais eux resolus de perdre
plustost la vie, que de faire aucune
demonstration de recognoistre la loy
Payenne, firent response; qu'en cela
ils n'obeyroient point. Et incontinét
enuoyerét en Nangasachy pour sçauoir des nostres ce qu'en telle necessité il leur conuenoit faire pour n'of-

fencer point Dieu, & qu'ils l'accompliroient.

D'ailleurs, le Seigneur de Firando, lequel de tout temps portoit grande haine aux Chrestiens, ne laissa passer ceste occasion, pour en ruiner spirituellement aucuns : speciallement sa bru, fille de la bonne mere de Domp Barthelemy : mais elle auec sa constãce accoustumee, souftint si brauemét ces assaux qu'elle fist perdre à son beau-pere toute esperance d'en emporter la victoire : si que se tenant pour vaincu il se desista de la plus molester. Les autres Chrestiens accoustumez en tels combats se deffendoient aussi fort gaillardement.

Les habitans de Nozu firent pareille demonstration de leur vertu & cõstance, d'autãt que les nouuelles estãt venues en leur pays de ce qui se passoit en Meaco contre les fideles, le capitaine qui les gouuernoit, commanda à vn homme ancien, nommé Leon, qui estoit des principaux d'entr'eux, qu'il eust à renoncer à la foy, à

quoy le bon vieillart qui auoit plus
en recommandation le salut de son
ame, que toute autre chose, respondit
franchement, que bien pouuoit-il le
faire mourir; mais non pas le faire
Apostat. Les autres suyuant son conseil & son exemple se garnirent de
chacun vne Croix, afin que s'ils e-
stoiét pressez, de renócer Iesus Christ,
ils sortissent l'ayant sur l'espaulle pre-
ste d'endurer la mort, iugeant que ce
seroit là vne bonne respóse pour faire entendre leur resolution à ce mes-
chant. De sorte que luy estant estonné d'vne telle constance, quitta son
entreprise, & les laissa viure en liberté de leur religion. Apres cela Leon
donna aduis aux nostres de toutes
ces choses, demandant pour tels assauts secours de chappelets, d'Images,
de grains benists, & autres armes spirituelles, il suffit de ceste matiere.

Comme Fazamburo eut nouuelles en
Namgasachy que les prisonniers
s'approchoient.

CHAP.

LE dernier de Ianuier les prisonniers estans arriuez à Facata, furent comme de coustume humaine-
ment receuz des Payens, lesquels se
trouuerent fort edifiez d'eux. Quelques Chrestiens de ce lieu les allerent voir & en rapporterent de saints
aduertissemens. Le F. Paul, tout ainsi
comme du long du chemin il n'auoit
fait autre chose que prescher les soldats & autres, aussi passa il vne partie
de la nuict qu'il s'arresta en Facata
en ce saint exercice. Incontinent Fazamburo eut aduis que les prisonniers arriuoient, & par vn mesme on
luy presenta les patentes du Roy, portant commandemét, que si tost qu'on
les luy auroit liurez, il les conduisist
en Nangazachi, ce fut pourquoy Fazamburo, voyant l'ordonnance de
Taicosama, depescha incontinent vn
courrier au gouuerneur de Nangazachi, à ce qu'il fist faire cinquante
Croix pour ceux qui auoient esté

M

condamnez, par ce qu'ils arriueroiét
esté condamnez, par ce qu'ils arriue-
roient en brief. A peine se peut-il
croire combien ces nouuelles appor-
terent de murmure entre les Portugais & les Iapponnois, si tost qu'elles
furent entenduës en Nangazachi: &
mesme donnerent grande occasion
de discourir sur le nombre des Croix,
y en ayant plus grand nombre que de
personnes condamnez. Ce fut vne
chose merueilleuse du continuel &
ardant desir qui se recogneut en ce
peuple d'encourir vne si heureuse aduenture, de sorte que dans les maisons & aux places publiques il ne se
parloit d'autre chose. Il ne seroit pas
aisé de reciter toutes les particulari-
tez qui se passerent touchant l'edification, & partant i'en mettray icy
deux ou trois par lesquelles l'on
pourra faire iugement du reste.

La nuict que ces nouuelles arriuerent en Nangazachi, il y auoit vn
des principaux de la ville qui discouroit auec sa femme de la preparation

au martire, & dans vn lit de la mesme
chambre estoient deux de ses enfans,
l'vn de cinq à six ans, l'autre d'vnze,
le plus grand saute incontinét de son
lit, & va demander à son Pere, que
c'estoit dont ils parloient. L'ayant
entendu, son fils luy dist, endurerez
vous dont la mort, mon pere? luy
ayant esté respondu que ouy. O dit
le fils, que ie suis aise! par ce que ie ne
feray faute de vous suiure, & en mon-
strant du doigt son petit frere qui
dormoit, que deuiendra cestuy cy? luy
aussi sera encor martir, dist le pere:
Mon Dieu! fist l'enfant, que maintenant ma ioye s'augmente, puis que
tous de compagnie nous partirons
de ce monde pour aller au Ciel.

Vn de nos Peres demande à vn
autre enfant de cinq ans des premie-
res maisons de Nangazachi, maintenant que les Payens viennent pour
faire mourir les Chrestiens, s'ils vous
demandent, si vous estes baptizé, que
leur direz vous? Que ie suis Chrestien, dist l'enfant, & s'ils vous veu-

lent tuer, repliqua le Pere, que de-
manderez vous? Ie me disposeray de
mourir, fist l'autre, & en quelle façon?
dist le Pere, l'Enfant la larme à l'œil
auec vn courage merueilleux, iusqu'a
ce que ie sois mort, ie demanderay
pardon à Iesus Christ, & àtant suffi-
ze pour monstrer la ferueur de ses
Chrestiens.

Or pour retourner aux prisonniers, ils partirent de Facata le premier iour de Feurier, & arriuerent à
vn lieu nommé Carazu trois lieuës
de Nangoia:auquel lieu Fazamburo
auec ses soldats les attendoit, lequel
apres auoir salué F. Paul pour l'amitié qu'il luy portoit se complaignoit
auec luy de ceste mesaduenture, Paul
luy respondit, mourir pour Dieu &
pour monstrer le sentier du Ciel aux
hommes, n'est pas occasió de se com-
plaindre : Mais ie vous prie d'vne
chose,c'est qu'estant en Nangazachi,
vous me donniez vn peu de temps
pour me confesser, & communier
auant que ie meure:Les Cordeliers

luy firent pareille requeste. Fazamburo leur promist à tous, mais rien
n'en tint comme vous verrez cy a-
pres : & estant iceluy Fazamburo ap-
proché du petit Loys dont nous a-
uons cy deuant parlé, & le voyant
fort ieune, il luy dist : auiourd'huy ta
vie despend de ma puissance, partant
si tu me veux seruir, ie te rachapteray :
Ie ne dispose point en façon du monde de ma personne ce dit Loys, mais
ie feray ce q̃ frere Pierre me commã-
dera, lequel luy conseilla qu'il acce-
ptast l'offre, au moyen qu'il le lairroit
viure en la foy Chrestienne. Ie ne feray pas cela, dist Fazamburo, mais il
faut qu'il renonce la foy : Monsieur,
fist Loys, ie ne veux pas viure à ceste
condition, & perdre la vie bien heureuse & eternelle pour vne vie miserable & de peu de duree.
　En fin poursuiuant leur chemin,
ils arriuerent à vne lieuë du Royaume de Figen, nommé Zucazachi, dõt
ils partirent le lendemain matin, &
voyant que l'heure de leur mort ap-
M iij

prochoit, ils voulurent par deuotion
au grãd froid qu'il faisoit, & mal trai-
tez du voyage, aller à pied iusques à
Sononchi, qui appartiét à Omuran-
dono, y ayant de distance de huit ou
neuf lieuës de Nangazachy.

CHAP. XIII.

EN fin les prisonniers arriuerent
le iiij. de Feurier sur le midy, au
lieu susdit, & au mesme téps se trouuerent deux peres Iesuistes, à sçauoir
François Pasio, & Iean Rhodrighez
enuoyez de la part du pere Viceprouincial pour consoler ceste vertueu-
se compagnie, & leur administrer les
saincts Sacremens de confession, &
de l'Eucharistie. Mais il ne fut pas
possible de leur donner ce contentement, par ce qu'ils estoiét sur le point
de leur partemét, & que Fazamburo
estoit ià deuát, si qu'à peine le P. Rhodrighez peut obtenir des gardes de

les saluer & embrasser. La consolatió
fut extraordinaire, & non sans pleu-
rer de pitié d'vne part & d'autre. Lors
qu'ils virent ce bon pere, lequel apres
les auoir saluez de la part du P. Viceprouincial auec paroles accómodees
au temps leur donnoit courage. Pour
entrer à vne si glorieuse entreprise, &
finalement leur dist, qu'il estoit venu
pour leur dire messe, & les cómunier.
Mais que n'y ayant moyen à l'heure
à cause de la precipitation du parte-
ment, feroit toute sa puissance de leur
donner ceste consolation en Nangazachi. Frere Paul dist au pere en l'em-
brassant d'vne voix basse: qu'il auoit
grande esperance en la misericorde
de Dieu, & qu'au moyen de ceste
persecution l'Eglise de Iesus Christ
prendroit vn grand accroissement en
Iappon, dont il auoit ià vn bon pre-
sage, d'autant qu'au commencement
de ceste persecutió: lors que les Payés
nous deuoient fuir & abhorrer la
saincte foy, luy dans les prisons d'O-
zaca en auoit baptisé six à leur in-

ſtante priere.

Ce fait le Pere embraſſa frere Pierre, lequel apres auoir fait vn petit
diſcours de tout le voyage le tira à
quartier, & luy dit fort humblement
il pourra eſtre que noſtre mort ſera ſi
precipitee que nous n'aurons moyen
de faire aucune choſe. Parquoy au nõ
de tous mes compagnós, comme leur
ſuperieur dés ceſte heure, ie requiers
de tout mon cœur pardon au Pere
Viſprouincial, & a ceux de la compagnie de tous les ennuits & faſcheries
dont nous leur aurions eſté cauſe: le
Pere Rhodrighés excuſant leur bonne intention demanda auſſi pardon
au nom de toute la compagnie à frere Pierre, ſi d'auanture luy ou les ſiens
ſe tenoient offencez: alors recommé-
cerét les larmes & les embraſſemens.

Finalement le Pere Rhodrighés,
ayant fait à tous les Iapponnois, vne
petite remõſtrance de contentement
qu'ils deuoient receuoir d'vne mort
ſi heureuſe, ſe departit & en grand diligence s'en alla en Nangazachi auec

le P. Pasio, afin de moyenner vers
Fazáburo qu'ils peuſſent adminiſtrer
les ſaints Sacremens aux priſonniers comme il leur auoit accordé.

Sur le ſoir auant que d'entrer en
la barque (par ce qu'ils deuoient aller par mer iuſques en Tochizu, où y
auoit ſept lieuës) les Sergeants atta-
cherent à chacun des priſonniers vne
corde au col, & leur lierent les mains
derriere le dos, reſerué aux Cordeliers, puis les firent embarquer, & en
peu de temps arriuerent en Tochizu:
les pauures gens ayant demeuré toute la nuict dans le baſteau au froid &
à la gelee qui fut extreſme.

Fazamburo auoit fait appreſter
vn logis dans Nangazachi pour les
vingtſix, mais craignant qu'il n'arriuaſt quelque eſmeute, à cauſe qu'ils
eſtoient en ce lieu la pluſpart Chreſtiens. Changeant d'aduis, il delibera
ſans autre ceremonie de les faire executer hors du lieu le lendemain matin, qui eſtoit droictement le iour
ſainte Agathe. De ſorte qu'ayant fait

porter au lieu du supplice les Croix
& tout l'attirail. Il donna si bien ordre à tout, qu'en vn clin d'œil l'execution seroit faite, & de grand matin
vint aduertir les nostres que promptement ils enuoyassent querir sur sa
parole le P. Pasio, & qu'il luy baille-
roit vn des siens pour l'accompagner
iusques au lieu proche du supplice,
où ayant fait arrester le peuple, il auroit le temps de confesser les trois Iesuistes, & non dauantage qui estoit
tout ce qu'il pouuoit faire pour lors,
& disoit que pour le fait de la Com-
munion, elle n'estoit necessaire, par
ce que mourans pour le seruice de
Dieu, ils n'auoient besoin d'autre
saufconduit.

Incontinent le P. Pasio, le P. Rhodrighez, & l'homme de Fazáburo allerent à Vracami certain lieu ainsi
nommé, ou estoit l'hospital des incu-
rables, & là attendoient. Mais le P.
Rhodrighez s'aduança iusques à ce
qu'il les eust rencontrez pour leur
annoncer que dans peu d'heures ils

deuoient receuoir la mort, dequoy
tous ioyeusement remercierent Dieu,
specialement le bon frere Pierre qui
venoit à cheual, disant son seruice.
Estant peu apres arriuez au lieu ou le
seruiteur de Fazamburo les attendoit, le P. Pasio fist arrester les soldats,
& ayant mené frere Paul dans l'hospital, l'ouyt en confession de toute sa
vie, & encor deux autres, lesquels a-
pres la confession acheuee, firent les
vœux accoustumez de nostre compagnie, & le Pere les embrassa au
nom du Pere Visprouincial.

Pendant que le P. Pasio confessoit
les trois freres, quelques vns de la
compagnie demeurez au chemin se
mirent à genoux pour dire leurs
chappelets, les autres estans assis se re-
commandoient à Dieu, les autres
s'encourageoient mutuellement au
martire. Le P. Pasio les laissant en telles occupations courut trouuer Fazamburo, qui estoit au lieu du supplice pour luy demander permission de
les assister à la mort, & leur aider à

bien mourir, ce qu'il luy octroya, mais à regret.

Cependãt le Pere Rodrighés trauailloit à en reconcilier vne partie, les exhortant auec sainctes remonstrances à perseuerer: & en fin, apres auoir eu la response de Fazamburo, ce fut vne chose belle à voir, que l'allegresse auec laquelle tous se leuerent sus bout & s'acheminerent au lieu ou estoient les Croix: Fazamburo les voyant venir auec vne telle gayeté, en demeura fort estonné, & ne pouuant comprendre la raison, demanda au P. Pasio, d'où procedoit cela, le P. luy fist entendre: mais luy, qui ne cóprenoit rien des choses spirituelles, vsa de ces termes: ceste raison là est fort bonne: toutesfois ie n'ay pas enuie de faire de mesme, du depuis ce mesme Pere tascha de moyenner la deliurance de ces deux, qui auoient esté prins en chemin, & n'estoient comprins en la sentence du Roy. Fazamburo luy fist response: qu'encor qu'ils n'y fussent comprins, neant-

moins

moins attēdu que les officiers les luy
auoient confignez & mis en efcrit, il
ne pouuoit differer l'execution, alors
le P. luy requift qu'il retardaft feulement tant qu'on euft refponfe de Gibonofcio. Ie ne peux encor faire cela, dift-il, car ie donnerois foupçon
que i'aurois ce fait pour auoir eu
quelques prefens, de forte que tous
les moyens que l'on tenta pour fau-
uer ces deux, qu'à bon droit on doit
appeller fupernumeraires, demeure-
rēt inutils: Ainfi en difpofa cefte profonde fapience qui gouuerne tout.

De ce temps là Monfieur l'Euefque eftoit en Nangazachi, mais il ne
luy fut poffible de fe trouuer au lieu
de l'execution, à caufe de la deffence
de Fazamburo, & ne peut autre chofe faire, que d'enuoyer promptement
vn homme, leur porter à tous fa be-
nédiction, fpecialement aux Peres
Cordeliers auec paroles plaines de
Charité. Le P. Commiffaire au nom
de tous les fiens le remercia infinimét
& luy demanda pardon de ce qu'il
n'auoit efté en fon endroit fi humble
N

& obeissant qu'il appartenoit.

CHAP. XIIII.

F Azamburo auoit resollu de faire mourir les pauures gens au lieu ordinaire des condánez, ou il y auoit tousiours nombre de Croix plantees. Mais à la requeste des Portugais il chágea d'auis, de l'autre part du chemin vers la mer, il y auoit droit a la veuë de toute la ville de Nangasachi vne Colline auec vñ planitre assez grand pour y asseoir vingt six Croix, & leurs auenues cóme il y a au mont de Caluaire. Ce fut là donc que Fazamburo feist porter les Croix, pour contenter les Portugais, lesquels se promettoient d'y faire bastir vne Eglise à l'honneur de ces vaillans Champions de Christ, & la nómer nostre Dame des martirs.

Les Croix dont on se sert en Iappon pour les malfaicteurs ont deux trauers, d'vn aux bras, l'autre aux pieds, au milieu y a outre vne courte

piece de bois, qui aide à soustenir le
fais du corps, le condamné estant af-
fourché dessus, comme on est à cheual, de façon que chaque Croix est
de quatre pieces, ainsi qu'il se peut
voir en ceste Figure.

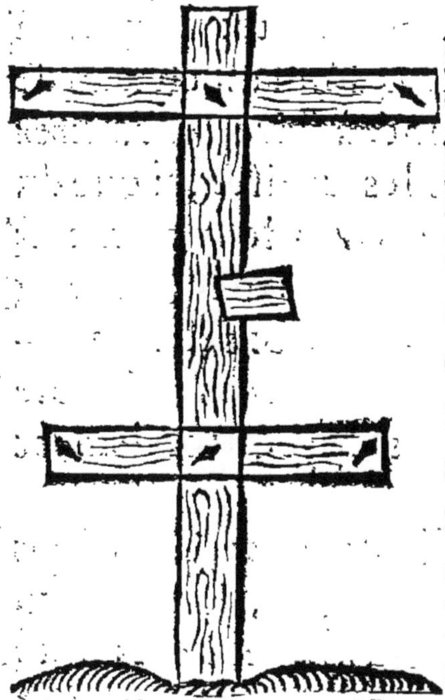

Ils n'vsent
point de
cloux: ains a-
uec cordes
lient les bras
& les pieds,
ou bien auec
certaines ma-
nicles de fer
attacheesaux
trauersants
des Croix.
Ils serrét aus-
si le col auec
vn collier de fer fiché dans le bois,
& lient auec cordes les patiens,
par le faux du corps, & les bras, entre les espaulles & coude, de sorte
que tout le corps est bien appuyé.
Par apres ils plantent la Croix
dans la fosse, & la font tenir ferme
N ij

auec pierre & terre. Puis le bourreau vient auec vne lance bié afilée
ayant la pointe large comme vne ef-
pée à deux mains, qui perce celuy qui
eft en Croix au cofté dextre, de mode que le coup paſſant au cofté gauche donne droit au cœur, quelque
fois y a deux bourreaux lefquels à
vn mefme temps donnant chacun de
fon cofté, viennét à faire rencontrer
leurs lances & les croifer, fi que du
coup les patiens rendent bien toft
l'efprit apres auoir ietté leur fang
par gros brandons , & s'ils ne meu-
rent, à l'inftant le bourreau redouble
iufqu'à ce qu'ils foyent totalement
expirez.

Or ces vaillants guerriers eftans
venus au lieu defigné , Fazamburo
poza les gardes d'arquebufiers & de
lanciers a l'entour de la colline loing
des Croix de fept ou huit pas, ne per-
mettát que aucuns aprochaſſent que
les Miniftres de la Iuftice. Le pere
Pafio, & le pere Rhodrighés. A
l'entree de cefte palliſſade, les cheualiers de Chrift, eurent nouuelle ref-

iouyſſance, lors qu'ils aduiſerent les Croix.
Le P. frere Martin commença de chanter à
haute voix, *Benedictus dominus Deus Iſrael*, &
le Pr. Fr. Pierre ayant les yeux eſleuez au
Ciel, eſtoit comme rauy en profonde con-
templation. Le ieune garçon Loys demanda ou eſtoit ſa Croix, & comme on luy euſt
monſtree, courut tout à l'inſtant à icelle a-
uec vne grande ferueur & deuotion, & ainſi
furent en vn inſtant attachez aux Croix,
ayant chacun ſon Sergeant, & ce qui eſtoit
requis en tel cas & au meſme temps eſleuez
en haut ſuiuant l'ordre qui enſuit.

Ils eſtoient eſloignez l'vn de l'autre de
trois ou quatre pas, la face tournee vers
Nangazachi, au coſté droit des Cordeliers
y auoit dix Iapponnois, & du gauche autres
dix en contant trois Ieſuiſtes, & à commen-
cer du Soleil leuant. Le premier eſtoit François, lequel eſtant venu pour ſeruir les
Cordeliers, comme nous auons predit, a-
uoit eſté arreſté des ſoldats, y ayant huict
mois qu'il auoit receu le ſaint bapteſme. Le
ſecond eſtoit Coſme Tachegia du Royaume de Oari auſſi nouuellement baptizé, qui
eſtoit du meſtier d'affiler les cymeterres, il
auoit eſté pris en Ozaca auec Fr. Martin
ſeruant de truchement aux Cordeliers.

Pierre Suchegiro faiſoit le iij. eſtant l'vn
de ces deux qui allerent aider aux priſonniers. Le iiij. eſtoit Michel Cozachi du royaume d'iſcé, faiſeur de fléches. Le v. fut Ia-
ques Ghiſai, Ieſuiſte, ayant lxiiij. ans, Chre-

N iij

ſtien de longue main , & homme de bonne
vie. Il s'eſtoit retiré dás noſtre maiſon pour
ſe donner totallement à Dieu, & par grand
charité ſeruoit les eſtrangers auec vne ſin-
guliere deuotion à la Paſſion de noſtre Seigneur Ieſus Chriſt. Apres venoit Pol Michi
aagé de trente ans, baptizé dés ſon enfance,
& reçeu en la compagnie des Ieſuiſtes y
auoit ià vnze ans. Il eſtoit predicateur &
fort zelé au ſalut de ſon prochain, Comme
il ſe pourra reçognoiſtre par ce que ie vay
vous dire.

Dix ou douze iours auant qu'on euſt mis
gardes en noſtre logis d'Ozaca il rencontra
ceux de la Iuſtice qui conduiſoiét vn condamné pour crime à la mort, alors fendát
la preſſe il s'aprocha de grád courage pres
du patient, de ſorte qu'il fiſt cognoiſtre la
verité à ce pauure homme & le baptiza , &
mourut ayant ſouuent à la bouche, Ieſus,
Maria. Le vij. eſtoit Polo Ibarchi, natif de
Oari, baptiſé n'y auoit pas long temps. Iean
natif de Goto faiſoit le viij. aagé de xix. ans,
eſleué à la foy dés ſa ieuneſſe, & en fin reçeu
en la compagnie des Ieſuiſtes. Le neuſiéme
eſtoit Loys, ieune garçon d'onze ans , baptizé quelque moys auparauant d'vn eſprit
vif, le petit fils de Pol Ibarchi. Le dixiéme
eſtoit Anthonio de Nangazachi aagé de
traize ans d'vne nature fort amiable. Frere Pierre eſtoit l'vnziéme natif de l'Eueſché
d'Auilla, aagé de quarante huict ans, homme Religieux, docte Predicateur & zelateur

dés ames. Le douziesme frere Martin de
l'Ascension natif de Biscaye, aagé de trente
ans,qui estoit arriué l'an precedent en Iappon auec François le Blanc. Le traiziesme
estoit frere Philippes de Iesus, natif de la
Mexicque,lequel estoit arriué de Tossa dãs
ce nauire brizé,& s'estoit acheminé à Meaco pour prendre les ordres de l'Euesque,
ayant intention de s'en retourner apres en
Manilla, d'où le superieur pour cest effet
l'auoit enuoyé à la nouuelle Espagne. Le
quatorziesme estoit frere Ganzalo Garzia
de Bazain en l'inde orientalle, lequel en
passant de Iappon en Manilla auoit pris
l'habit de S.François,& preschoit de grand
zele. Le quinziesme fut le Pr.Fr. François le
blanc de Môterrey en Gallice,aagé de tréte
ans. Le saiziesme Fr. François de S. Michel
Parriglia pres de Vagliadolid,aagé de cinquante trois ans,bon Religieux qui se monstra humble iusques à la mort. Le dixsept-
iesme, fut Mathias nouuellemét fait Chrestien, & duquel nous auons parlé cy deuant à suffisance. Le xviij. Lion Carasuma-
ro de Oary Chrestien y auoit sept ou huict
ans, principal truchemét des peres Cordeliers, fort adonné aux œuures de charité,
speciallement à l'endroit des malades, il
estoit Fr. puisné de Paul Abarchi susdit &
oncle de Loys le xix. estoit Bonaueture de
Meaco,lequel dés sa ieunesse auoit esté baptizé, & du depuis ayant perdu son pere &
sa mere s'estoit retourné & fait Bonze:mais

en fin se ressouuenant vn iour qu'il auoit
esté baptizé, il se reconcilia auec la sainte
Eglise, par le ministere des freres Cordeliers par le moyen desquels il gaigna ceste
bonne aduenture. Le xx. Thomas Cozachi
fils de Michel, aagé de quinze ans. Le xxi.
Gioachino Saccachibara aagé de xl. ans. Le
xxii. fut François de Meaco, medecin aagé
de quarante six ans. Le xxii. Thomas d'An-
chi Chrestien de longue main, & encor l'vn
des truchemens des Cordeliers. Le xxiiii.
Iean Chimoia, le xxv. Gabriel du royaume
d'Ice aagé de dixneuf ans, le dernier fut
Pol Suzuchi, natif d'Oary aussi truchemét
des Cordeliers.

Les croix donc ayant esté plantez de ceste façon, c'estoit vne chose esmerueillable
de voir la constance de tous ses pauures
martyrs, à quoy les pere Pasio & Rhodri-
gues les encourageoient chacun de sa part
le Pr. commissaire se tint tousiours ferme,
les yeux tournez au Ciel. Puis Fr. Martin
chantoit quelques Pseaumes pour rendre
graces à Dieu, adioustant ce verset. *In ma-*
nus tuas Domine. En pareil Fr. François le
Blanc, remercioit Dieu à haute voix, & le
Fr. Gonzale de mesme disoit son *Pater no-*
ter noster, & *Aue Maria.* Le Fr. Paul Michi se
voyant en la plus haute chaire que iamais
il eust esté, preschoit aux assistás qu'il estoit
Iaponnois & Iesuiste, & qu'il mouroit pour
la seulle occasion d'auoir presché le sainct
Euangile, dont il remercioit le Seigneur

Dieu, & d'vne grace fort singuliere profera
encor ces mesmes paroles. Maintenant que
ie suis en ce point vous pouuez croire, que
ie ne suis pas pour vous dire des fables. Sça-
chez dõc qu'il n'y a autre voye de salut que
la loy des Chrestiens, par laquelle m'estant
enchargé de pardonner à mes ennemis, & à
ceux qui m'ont offencé, ie pardóne au Roy
& à ceux qui sont cause de ma mort, & les
prie se vouloir baptiser, puis retournant ses
yeux vers ses compagnós, comméça de leur
donner courage à franchir ce dernier pas.

Au visage de tous ceux on cognoissoit
vne gayeté, mais en Loys vne extraordi-
náire: car comme vn des autres eust dit que
ils se verroient bié tost en paradis, luy auec
les doigts & le corps faisoit gestes d'allegresse, de sorte que tous les regardans en
auoient admiration. Anthoine qui estoit à
costé de Loys, leuant les yeux au Ciel apres
auoir inuoqué le sainct Nom de Iesus & de
Marie, chanta le Pseaume. *Laudate pueri Do-
minum.* Il auoit esté instruit en Nangazachi
en la doctrine Chrestienne, où les nostres
apprenoient à leurs enfans quelques Pseaumes expres. Autres repetoient souuent ces
mots Iesus Maria, auec vne face gaye. Les
autres exhortoient les assistans à viure ver-
tueusement, & auec telles & semblables
actions faisoient paroistre, comme volon-
tiers & de bon cœur ils alloient à la mort.

Alors quatre bourreaux commencerent à
tirer les lances des fourreaux: car telle est la

couſtume de Iappon. Les fidelles voyant
ceſt horrible appareil, s'eſcrierent tous à
haute voix, *Ieſus Maria*: & incontinent s'eſle-
ua vn gemiſſement ſi grand qu'il paruenoit
iuſques aux eſtoilles. Les bourreaux donnant deux coups de lance à chacun de ceux
qui eſtoient attachez aux Croix les depeſ-
cherent, redoublant leurs coups à ceux qui
ne mouroient pas promptement.

En c'eſt acte ſe peut voir la grande affection des Chreſtiens, leſquels ne faiſant aucun eſtat des coups de baſton, que les Sergeans leur donnoient, ſe meſloient parmy
eux, & les vns trempoient leurs mouchoirs
dans le ſang des martyrs, autres le receuoiét
dans le ply de leurs manteaux, les autres
prenoient quelque choſe de ce qu'il leur
auoit touché pour en faire reliques.

Telle fut l'heureuſe fin des cheualiers de
Chriſt, leſquels en combatant valeureuſe-
ment emporterent la glorieuſe victoire de
leurs ennemis. Et afin que leur innocence
fuſt cogneuë à tout le monde, Dieu permiſt
que Fazamburo fiſt là plácer vne lance auec
vn tableau de la ſentence cy-deuant dite.

De la pieté que monſtrerent les Chre-
ſtiens apres l'execution.

C H A P. X V.

Q Voy que Fazamburo ſe colleraſt fort
contre ceux qui auec vne violence

fainte, fe faififfoiét de quelques reliques de
ces feruiteurs de Dieu, & à cefte fin euft
commandé aux foldats qu'à grands coups
de bafton ils les fiffent retourner en Nangazachi,neantmoins depuis qu'il fut rentré
dans fon logis,il fortit tant de perfonnes de
la ville pour couper quelques morceaux
des habits des deffunts, que beaucoup d'i-
ceux demeurerent mal couuerts, auec peu
de bien feeance, fpeciallemét les noueaux
Religieux. Ce fut pourquoy le pouruoyeur
de la mifericorde, officier de cefte confrai-
rie, fut contraint de les faire recouurir de
certaines nattes,à raifon que remettant des
habillemens, on en euft encor fait de mef-
me.D'auantage il arriua tant de Chreftiens
des parties eflongnees, que Fazamburo fut
contraint de rompre les gardes aux paffa-
ges, proteftant aux Capitaines que s'il fe
perdoit vn feul corps des vingtfix, il iroit
de leurs teftes:neantmoins cefte rigueur ne
peut empefcher leur pieté; d'autât que plufieurs feignans d'aller à autres affaires paf-
foient par là, non pour autre occafion que
pour honorer les Reliques des feruiteurs
de Dieu. Nous laiffons beaucoup de cir-
conftances qui fe pourroient icy adioufter
pour fuir à prolixité. Ie diray feulemét que
le fruit qui eft tiré de cefte glorieufe mort a
efté la confirmation tant des vieux que des
noueaux Chreftiens en noftre fainte foy,
auec vn vehemét defir de falut eternel, &
vne ferme refolutió d'expofer leur vie pour

le nom de Chriſt. Maintenant ce peuple ſe
ſouuient des croix, qui furĕt trouuez mira-
culeuſement l'vne en Obama, l'an 1589, l'autre en Faconda, l'an 91.

Dequoy chacun à eſperance d'vne grande
moiſſon, & meſme les payens qui furĕt pre-
ſens à ce ſpectacle, ſont extrememĕt edifiez
du contentemĕt que ces vingtſix ſeruiteurs
de Dieu monſtroient eſtant en la Croix, &
de leur grand conſtance à ſouffrir la mort,
eſtans bien aſſeurez de receuoir le loyer, lequel ſurmonte de beaucoup tout ce que l'e-
ſprit creé pourroit comprĕdre, & dés à preſent quelques vns ſont venus en Nangazachi, demandant à grande inſtance d'eſtre
baptiſez.

Imprimatur ſi videbitur Reu. M. S. P.

P. Epiſcop. Rauellen. Viceſg.

Imprimatur
F. Angelus Brixius de Cæſena, Reu.
P. Mag. Sac. Palatij Socius.

FIN.

CEſte Hiſtoire contenant la perſecution de
vingtſix Chreſtiens au Royaume du Iappon,
eſt digne d'eſtre miſe en lumiere. En teſmoin dequoy i'ay ſigné la preſente, ce xviij. Iuin 1600.

I. Dadré Docteur en Theologie, Cha-
noine & Penitentier de Rouen.